[笔会文粹] 2015

重要的时刻总是那么软弱

文汇出版社

目 录

辑 一

路 明　　我们的曹安路　/ 3
蔡 翔　　洗澡　/ 13
沈嘉禄　　我的三位兄长　/ 20
朱正琳　　客居故乡　/ 27
张 珑　　中西女中教给我的……　/ 32
孙 洁　　9011　/ 38
张 蛰　　上学记　/ 45
舒飞廉　　漫步在故乡的星空之下　/ 50
黄德海　　受耻　/ 56
李 娟　　回家　/ 60

辑 二

胡晓明　　我的古籍电子书阅读小史　/ 67
张奠宙　　奥数三问　/ 73

曹　雷	谈谈影视剧里的方言 / 76
须一瓜	从小说《太阳黑子》到电影《烈日灼心》/ 81
张　军	给过去一个未来 / 85
孙小宁	从一个人身上辨认出契诃夫 / 91
杨燕迪	以音乐对抗第三帝国 / 96
汪涌豪	哲学咖啡馆 / 101
孟　晖	小立香炉熏华衣 / 108
陈大康	明人的造假与买假 / 112

辑　三

李敬泽	有机村庄与点灯 / 119
何立伟	无目的，亦无目的地的行走 / 123
范小青	南来北往都是客 / 127
恺　蒂	我们的夏日海滨 / 135
边　芹	玫瑰湖 / 139
毛　尖	汉英词典里的男女主人公 / 145
刘小娟	时间的礼物 / 147
鲁　敏	投食下的阅读饥饿 / 152
罗　翔	目光掠过冥王星的那一瞬间 / 155
王　璐	玉兰花，南瓜花 / 161

辑 四

朱生坚　　天地有大德　/ 167

汪家明　　父子合作的一个奇迹　/ 183

李　昕　　我对杨绛先生的三次道歉　/ 190

奚美娟　　风采依旧　/ 201

张　莉　　人和命运互相成全的可能　/ 206

罗青山　　自珍者　/ 215

熊月之　　章太炎的心疾　/ 221

刘晓蕾　　黛玉的明媚与哀愁　/ 225

山　谷　　前行永珍惜　/ 232

梁永安　　重要的时刻总是那么软弱　/ 237

辑一

路　明

我们的曹安路

　　这条路，一头连着上海最大的工人新村——曹杨新村，另一头连着上海的西大门——安亭，所以叫曹安路，是这座城市最长的路之一。时过境迁，几番改建，如今它不再通往曹杨新村，曹安路这个名字却保留了下来。

1.
　　母亲的嫁妆是从这条路送走的。那是1981年的秋天，当时母亲还在安徽一家县级医院当医生。外公外婆执意要她先回上海，从上海的家中出嫁。外公说，嫁的是上海姑娘，不是安徽姑娘。一辆十吨的解放牌卡车披红挂彩，装得满满当当：樟木箱、梳妆台、衣橱、骆驼毛毯、红绸绿绸被子、描着"喜"的痰盂、蝴蝶牌缝纫机、凤凰牌自行车……外公外婆几乎倾其所有。他们要女儿嫁得风光，以后不受欺负。

　　卡车沿着曹安路一路开到安亭，过了江苏省界，停在一条小河边。父亲带了四五条船来迎接，如同梁山好汉。彼时，那个叫陆家的小镇，还是个名副其实的水乡。父亲身穿一套灰色西装，胸前别着塑料花，喜气洋洋，大声指挥着接亲的队伍。婚礼在小镇引发了小小的轰动，老街上长大的孩子，娶回了上海新娘。镇上的姑娘们成群结队地赶来瞧热闹，磨尖了眼，看看上海新娘子都有些啥嫁妆。

父亲母亲此前并没有见过面，只在信里交换过照片，抒发过各自的怀才不遇，结尾是：致以革命的敬礼。父亲是镇上中学的老师，这是母亲在众多追求者中选择了父亲的主要原因。母亲的偶像是苏联电影《乡村女教师》中的华尔瓦拉·瓦西里耶夫娜，她梦想进入复旦大学中文系，毕业后当一名瓦西里耶夫娜式的女教师。那一年在她插队的淮北农村，保送复旦大学"工农兵大学生"的资格在最后一刻被让给了别人，而她只能上一所当地的卫生学校。公社领导劝她"服从组织安排"，母亲哭红了眼睛，答应了。不答应又能怎样。几年后恢复高考，母亲一边值夜班一边复习，饿了啃窝头，用酒精灯煮山芋糊糊吃，每天睡两三个小时。考前一个月，急性肝炎发作，病危电报发到上海，向来严峻的外公流泪了。

在送亲的队伍里，唯一见过父亲的是我的舅舅。婚礼前两个月，舅舅受外公外婆之托，来小镇"侦查"过。他倒了两趟车到安亭，父亲划着船来迎接。两人接上头，小船穿过芦苇丛，滑向爷爷家的小院。一顿大酒，舅舅沉沉睡去。第二天，父亲安排拖拉机送舅舅去县城火车站，又给他买了回上海的软座车票。在打给安徽的电话里，舅舅把胸脯拍得震天响：阿姐，这个男人没问题！

婚后，母亲顺利地调动了工作，落户在小镇。在我小时候，去上海是件大事。母亲提前好几天就高兴，父亲则一直忙着张罗行李。

编织袋里塞满了青鱼干、咸鸭蛋、酒酿、乡下人做的糕团,一只鱼篓里爬着甲鱼或大闸蟹,菜篮上静静地卧着一只鸡。我们走到小镇北边的汽车站,等待过路开往安亭的班车,四十分钟一班,很挤,车厢里弥漫着一股人肉的酸臭。到了安亭再换一部叫作"北安线"的公交,沿着曹安路开进上海市区。印象中,这条路一直在修,坑坑洼洼,漫天尘土,一车人在无休止的颠簸中昏昏欲睡,路边是连片的农田和灰蒙蒙的厂房。黄渡、封浜、江桥、真如……这些熟悉的地名一闪而过。窗外骑自行车的人越来越多,当看到曹杨新村密密麻麻的新公房,我就晓得,到上海了。之前的道路仿佛都不能算是上海。

1990年的某一天,父亲不知从哪里看到的消息,他神秘兮兮地告诉我,武宁路上开了家肯德基。后来知道,这是上海第二家肯德基(第一家在外滩东风饭店)。当时我上小学三年级,哪知道什么"啃的鸡",只晓得爸妈要带我去吃外国鸡了。

我们下了北安线,走不多远就到了。我依然记得那人潮汹涌的景象,每个柜台前都排着长长的队。母亲撇撇嘴说,像不要钞票的一样。

我们点了个套餐,二十块不到,里面有两块鸡(现在想想就是吮指原味鸡吧)、半根玉米、一份色拉、一份土豆泥、一包薯条、一个小圆面包。当时爸妈的月工资也就一百多。他们撕了一点鸡肉,两块鸡就都归我了。我狼吞虎咽地啃完,真香啊,好像从来没吃过这么好吃的东西。父亲老实惠地讲了一句:"下次只买鸡肉就可以了,其他什么家里都可以做的。就吃鸡,吃鸡最划算!"一直到了外婆家,我还沉浸在巨大的兴奋中,见人就嚷嚷:"今朝吃过肯德基了!"

后来,每次路过这家店,我都盼着父母再带我吃一次,只买鸡肉,不要土豆泥和色拉。我拉着母亲的手叫:"妈妈快看,肯德基!"她望向别处:"哦哦,吃过的呀。"就这样把我敷衍过去了。

2.

每年的春节都在上海过,这是母亲嫁给父亲时提的条件。过完年要回去了,照例又是大包小包,凯司令的水果蛋糕、三阳盛的芝麻核桃粉、王家沙的糕团,还有整包的大白兔奶糖,都是在小镇买不到的东西。母亲一边整理一边唉声叹气,没劲啊没劲,年过完了。外婆指着母亲的鼻子骂,哭彻乌拉(哭哭啼啼)做啥,又不是回安徽插队落户,哪天想家了再来嘛。骂着骂着,自己流下泪来。

有一天我得知,流过小镇的这条吴淞江,原来就是苏州河上游,有一种很奇怪的感觉,仿佛和上海的距离一下子拉近了。我在这一头,外公外婆在那一头。我在上游打水仗,他们在下游倒马桶。

小镇上陆陆续续来了一些上海人,都是知青,差不多年纪,多少有点文化,来自云南、贵州、安徽、黑龙江等"广阔天地"。因为政策的原因回不了上海,于是想尽办法,要么调动工作,要么找个小镇上的人结婚,最终殊途同归,落脚在这个上海边上的小镇。当然,也带来了我的小伙伴们。

对于小镇上的知青子女,曹安路是我们共同的记忆,回上海的路就这么一条。我犹豫着该写"回上海"还是"去上海",就像我分不清哪里才是我的故乡。我们都坐北安线,都在一个叫陆家宅的地方下车,然后各自换公交去爷爷奶奶或者外公外婆家。有个姓车的小伙伴,大人们喜欢开玩笑叫我们"车匪路霸"。"车匪"的爷爷家在浦东。每次他从陆家镇出发,到陆家宅换车,再穿过浦西前往陆家嘴,单程六个小时。有时我气愤地想,肯定是"车匪路霸"这个名字叫坏了,导致我们整个童年都在无休止地赶路坐车。

在镇上的小学和中学,每个年级都有一两个"上海来的老师"。确切地说,不是上海来的,而是想回上海去,回么回不去。他们用普通话讲课,用上海话骂人。镇上的小孩子,我的林弟、金花、乡妹同学们,个个会说两句"侬哪能噶戆额啦""侬只黄鱼脑子",都是老师上课骂人的话。我跟车匪认真地讨论过,为什么骂人笨要骂"黄鱼脑子",而不是鲫鱼脑子或者胖头鱼脑子。

小镇素来富庶,据说三年困难时期都没饿死人。正值八十年代末,乡镇企业和合资企业蓬勃发展,小镇居民更多了份底气。家长们下班后忙着吃老酒打麻将,小孩的读书便听天由命,读得好就读,读不下去也没什么,大不了去镇上几家中日合资制衣厂上班,工资不比当老师低。

只有那些上海知青们,自己回不了上海,便一心一意地指望子女回去,而且得是堂堂正正地考回去。不靠天不靠地不靠政策,靠自己,争一口气。他们在子女的教育上倾注了全部的心血,手段简单粗暴。知青家的男孩,三天两头因为读书问题"吃生活"(挨打)。澡堂里,我和车匪嘲笑着彼此身上的乌青,"竹笋烤肉好吃?""别提了,这回是男女混合双打。"礼拜六礼拜天,当街上的林弟和村里的乡妹四处游荡之际,我们被关在家里写作文、做奥数、读英语。特别是英语,让父母们忧心忡忡。他们交流着内心的焦虑:上海的小学三年级就开始上英文课了,这乡下地方得等到初一。真是愁死人。

知青家的小孩从小会讲三种语言：上课说普通话，下课说本地话，回家说上海话。父母细心地纠正他们的发音，否则"以后回去让人当阿乡"。有一次，车匪在家吃饭时漏了句本地话，他爹放下筷子，隔着饭桌就是一记耳光——

叫你不记得自己是上海人。

3.

"车匪"的伯伯，早年在华亭路倒卖牛仔裤，是上海滩第一批"万元户"，开桑塔纳，佩大哥大，喝人头马。他出手阔绰，压岁钱一给就是一千。"车匪"不声不响抽掉两张，剩下八百上交爸妈。两张钞票叠成小块，塞在鞋垫底下，像情报一样带回了小镇。

那是个两分钱一粒玻璃弹子、一毛五分一根橘子棒冰、五毛一盒划炮的年代，两百块无疑是一笔巨款。我俩甚至不知道怎样去破开这两张折痕累累、气味浓烈的大钞。买东西无疑是件可疑的事情，爸妈再缺心眼也不会让孩子拿着自己一个月的工资上街，何况镇上的大人们好像都认识，简直处处是眼线。我俩商量了半天，最后坐车去了邻近的小镇（花桥，今天的11号线终点），咕咚咕咚喝光了两瓶正广和汽水。喝得太急，不停地打嗝。"车匪"擦擦嘴，露出满足的笑容，再要两瓶吧？

从此每天放学，"车匪"飞一般奔出校门，我跟在他屁股后面跑，像个快乐的狗腿子。学校附近有个废弃的工地，翻过一堵矮墙，一堆水泥管里藏着"车匪"的秘密。"车匪"叫我背转过身，然后从其中某一根里掏出两块钱。我俩跑去街机房买七个铜板（三毛一个），"车匪"四个,我三个。街头霸王、三国、合金弹头……玩上一个小时,赶紧跑回家,再晚就得挨打了。

印象中,两百块几乎是一个取之不尽用之不竭的概念,我算过,足够打上三个月的街机。一个傍晚,我俩又来到工地,眼前一块空旷,水泥管一夜间被搬得干干净净。"车匪"呆看了半天,哇的一声蹲在地上哭。我也跟着哭。这真是无比忧伤的一天。

初二时,"车匪"转学了,他伯伯帮他联系了上海的一所私立中学。一个月后,班上每个同学都收到了"车匪"的信。内容大同小异,无非是吹嘘自己在新学校怎么厉害,怎么受欢迎,并督促大家回信,说不许忘了他。只有我知道,"车匪"的信是写给黄潇潇的。黄潇潇是"水产大队"支书的女儿,也是班上最美的姑娘。"车匪"暗恋了黄潇潇三年,一直到离开都没勇气开口。于是他写了五十四封信,拉上所有人做幌子,只为一个人的回信。

中考后,又有几个小伙伴回到了上海,剩下的把希望寄托在高考。那几年,在县城最好的高中,年级前十名里,总有两三个知青家小孩,他们的目标是复旦交大。虽然作为同一级别的高校,本省的南京大学分数要低得多。他们没有选择,考回上海是他们与生俱来的使命。

为了提高"一本"入学率,校长在填志愿前动员大家"避开一线城市""天女散花"。本地的孩子老实,年年都有不少去了佳木斯石河子。知青们恨恨地骂,校长不是东西,仍坚持要求孩子填上海的学校。到了放榜的时候,照例有十几个南大和三四个复旦交大。这些考上复旦交大的,基本都是知青家的孩子,是父辈们口口相传的骄傲。天女散花？去他妈的！

4.

我如愿考回了上海,母亲还在小镇的医院上班。外婆年事已高,外公身体不太好,每个周末,母亲还得奔波在曹安路上。周五晚上来,周一早晨走。四点不到就起床,赶头班车,八点前必须到医院。一个冬天的早晨,我执意要送她。走出家门,寒风刺骨,街道黑暗冷清。穿过小马路,一盏昏暗的路灯下,头班车在终点站静静地停着。母亲上车了,是唯一的乘客。她隔着车窗做手势,催我赶紧回家。我摇摇头,一直看着她,看她的眼里怎样溢出泪水,又怎样把脸深埋在掌中。车开了,一阵轰鸣,载着母亲消失在街角。

我也依旧往返于小镇和上海,只是次数渐渐地少了。从"北安线"到"陆安线",到"6号旅游专线",再到地铁11号线。最初四个多小时的车程,现在不到两小时。窗外始终是巨大的施工现场,你方唱罢我登场。农田大片大片地抛荒,然后楼盘像野草一样疯长。

小镇也变了模样,昔日的国二厂(国营第二粮厂)旧址建起了均价7 000的楼盘,"水产大队"成了高档别墅区,南圩、邵村、夏驾桥……这些地名一个接一个消失了,取而代之的是现代化的厂房、热闹的卖场、大规模的物流中心。小镇甚至划出一大块农田,铲去庄稼,植上草坪,建了一个巨大的"生态公园"。大地擦掉了那些名字,像抹去曾经的记忆。

"上海来的老师"都到了退休的年龄。他们差不多同时来,又几乎同时消失在校园中。学校招来大批东北老师。孩子们讲着东北风味的英语,没人听得懂上海话。

  退休后的知青们陆续回到了上海,要么跟父母挤在老房子里,要么用毕生积蓄为子女承担首付,自己占一个小小的房间。他们说,这叫叶落归根。终于回到朝思暮想的地方,却发现自己不过是个陌生人。买菜、看病、出行……一切都得重新适应。身体大不如前,身边没什么朋友,城市的高速发展更让他们无所适从。儿时记忆中的上海,注定是回不去了。他们偶尔聚会,念叨着从前的日子,"还是小地方舒服"。只有几个知青留在了小镇,他们自嘲,"乡下人当惯了"。而像我父母这样的,知青与本地人结合的家庭,要么两地分居,要么两处奔波。

  昔日小镇的同学们,四分之一在县城当公务员,四分之一在外企,四分之一做生意,还有四分之一在家呆着,收收房租,打打麻将,日子过得滋润惬意。仿佛一夜间,小镇涌来无数年轻的打工者,老街上放着《小苹果》,震耳欲聋。老人们上街买东西,都得学着说一点费劲的普通话。他们佝偻着背,嘟嘟囔囔,拐进等待拆迁的老屋。

5.

  又一次初中同学聚会,席间觥筹交错,交换着各种真真假假的消息:谁的工厂接了一笔大单,谁家的地被征用了,谁吃了官司,谁找了个有钱的老头,谁离了第二次婚。当年一位内向拘谨的女同学,嫁了阳澄湖蟹农的儿子,摇身成了蟹舫的老板娘。她端着红酒杯,熟练地向老同学们敬酒,仰起脖子一饮而尽,转身又给自己斟满。这一杯是敬我的,班长,下次聚会来我家船上办吧,我做东。

黄潇潇向我打听"车匪"的消息。我说不清楚,很久没见了。人这么小,而上海这么大。儿时的玩伴就像儿时的玩具,等想起来的时候,早就找不着了。

当晚得赶回上海。黄潇潇开车送我去安亭,这是我和"车匪"破开百元大钞痛饮的地方,二十年前。这个温柔腼腆的少年,默默地喜欢,默默地告别,然后在一个熟悉又陌生的城市一封接一封地写信,那该是多寂寞。把心事抄上五十四遍,却不过是"你好吗""不要忘了我"。

坐在末班的11号线上,车厢空空荡荡,像喝干的汽水瓶。我是瓶底的一粒砂。

套上耳机,音量调到最大,听一个男人嘶吼:

　　至少有十年,我不曾流泪
　　至少十首歌,给我安慰我

对自己说,不要矫情,不要矫情。泪水无声地滑过我的脸。
我认出了窗外的曹安路,灯火通明,像老情人的晚妆。

蔡 翔

洗　澡

杨绛有部小说，书名就叫《洗澡》，不过，那里面的"洗澡"，是个政治隐喻，跟我要说的洗澡无关。

我要说的洗澡，就是洗澡，上海人叫"汏浴"。

我小的时候，一般上海人家里，是没有浴缸的。我们住在曹杨新村，相对来说，比棚户区，甚至比有些石库门的住宅，条件都要好点。几户人家合用一个厨房，也合用一个厕所。厕所，现在一般不叫厕所，叫"洗手间"，再高雅一点，也有叫"化妆间"的。它的本义，倒是被"深埋"了。我有次去某饭店吃饭，中间内急，就问服务员，洗手间在哪，服务员随手一指，角落里，藏着一扇门，上书"茅房"二字，顿觉亲切。年轻时，在淮北下乡，当地，茅房也不叫茅房，叫茅坑，屋子后面，围几根树枝，树影婆娑，中间挖一坑，茅坑，是极贴切的。当年曹杨新村的厕所，应该很"现代"了，有抽水马桶，现在叫坐便器。不过，上点年纪的上海人，还是会说，去买只抽水马桶。但是没有浴缸，角落里，砌了个水池，二尺见方，一般是用来洗拖把的。小的时候，天热，我们就站在水池里，自来水一开，哗哗地就冲洗起来，香皂一般是不用的,就用那种洗衣服的肥皂,当时,叫"臭肥皂"。偶尔用次香皂,下去纳凉,小伙伴一闻,说声,娘娘腔。丢人。渐渐长大,水池里站不下了。这时就要学大人,在厕所里放只大木盆,厨房的煤气灶上烧开水,水开了,就拎着只水壶,把水倒在盆里,然后加凉水,再然后,就坐在盆里,用毛巾,拖着水往身上擦。

　　那时候,上海的人家,都是有木盆的,不过,一般叫脚盆,大大小小,总有好几只,小的洗脚,大的洗澡。姑娘出嫁,嫁妆里,也会有三只脚盆,大、中、小。脚盆漆得红光锃亮,当然,马桶也是不可少的。油漆慢慢地脱落了,这时候,就要再刷一遍。木盆的箍慢慢松动了,就会渗水。听到楼下喊,箍桶。大人就叫,箍桶的,立一歇。乡下有亲戚的,会请乡下亲戚做只新木盆,那木盆,不用红漆,用桐油,一层一层,锃光贼亮,楼里女人见了,就赞。

　　冬天的时候,洗澡麻烦,衣服得一件一件脱,冷,而且还洗不舒服。要是几家人家一起洗,就得分先后,等不及的,就在房间里放只脚盆,拎冷水,再拎热水。这时候,就盼着去澡堂。

　　过去,曹杨新村有一家澡堂,叫"曹杨浴室",就在电影院边上,当然,现在是早就不见了。

　　去澡堂,要花钱,所以,一般不会去。过年了,大人就会给五分钱,说,洗澡去。这时,就很欢乐,想,过年了。

　　然后,就开始约同学了,说好时间,相互叫,带上换洗的内衣,还有肥皂,那时的澡堂,不提供肥皂,得自己带。

　　到澡堂门口,排队,买票,票是那种竹制的筹码。票分三等,一毛五、一毛、五分。一毛五是雅座,也就是一躺椅,并排放着,上面铺着浴巾；一毛是硬座，一排的硬木凳；五分就是立票了，洗完，得立马走人。捏着竹筹，掀开门帘，一股热浪迎面而来，里面挤满了人，有穿衣服的，也有没穿衣服的；有躺着的，也有站着的；有高声说话的，也有在那里闭目养神的。几个服务员在忙，来回穿梭，一会取衣服，一会又放衣服，"热毛巾"，雅座上有人喊。"热毛巾来哎"，一条热毛巾从人群中飞过，很准确地落在那人手里。个个喜气洋洋。立票，我们喊，立票也没有，排队。我们就在那里排队。那时，上海流行排队，大家也习惯排队，而现在，排队成了一种美德。过年了，买鱼买蹄髈，就是我们的事。早早地去菜场，前后左右，都是同学，放几块砖头，意思我们到了，留一人看着，其他的人就躲到边上，开秤了，又一窝蜂拥过来。也有女生，白眼相看，戆气，小声埋怨。站在澡堂的外间排队，一暖和，就有点困。那时候，上海冬天冷，垫被不够，就再铺条稻草荐，盖被上，总是要堆些衣服。一觉醒来，挂在门上的毛巾，冻得就像冰棍。小鬼头，过来。服务员在叫。我们一窝蜂过去，忙乱地脱衣服。服务员拿着一根长长的叉杆，上海人叫丫叉头，一件一件套好，一下子就送到高高的挂钩上，走的时候，又一叉子，把衣服拿下。

　　光着屁股，往浴池跑。浴池在里间，雾气濛濛。浴池里挤满了人，有站着的，也有坐着的。我们挤到池边，找一空档坐下，两只脚先放进水里，觉得烫，但泡澡是一定要水烫的。这时，就要用水往身上一点一点浇，慢慢，习惯了，然后，两条腿小心往下伸，猛一下，站定，再慢慢往下坐，一点一点，水漫到屁股，再是腰，烫得刺心，痒，但真是舒服，然后，一下坐定，水就浸到了脖子。靠在池边，两条腿抬起，一阵扑通。小赤佬，勿要乱动。旁边大人就要训斥。我们不听，挑衅似的继续扑通,大人也就不吱声。水是浑浊的,大家站在浴池里擦肥皂,使劲搓,搓好了,往水里一蹲,再一通搓,又站起,用毛巾往身上一搭,来回拉,这样几个回合,身上通红通红。水面上漂着一堆一堆的肥皂泡沫。我妈说,澡堂的水不脏,玉皇大帝封过的。我也没觉得脏。那时候,人不像现在这么讲究,不过,活得也挺欢。再说,我后来琢磨,浴池里都是肥皂沫,大概也挺杀菌。

边上有人在搓背,搁条长木凳,人趴那里,搓背师傅也光着身子,使劲搓,又往那人身上放条湿毛巾,噼噼啪啪,一阵敲打。当然,小孩是不搓背的。

泡红了,也泡软了,然后起身,说,走。

走在街上,感觉不到一丝寒意,听到几声鞭炮,说,过年啦。

后来下乡,偶尔,也会去县城,一般是家里寄了钱,五块,财大,就有点气粗。有钱没钱,轮流做东,一起进城。进城十八里,说是十八里,估摸总得有个三十里地。到城里,往往是中午,照例下馆子,要酒要菜,要白面馍。酒足饭饱,出了门,风一吹,打个饱嗝,相互问,上哪?互相答,汰浴。如果是夏天,顺手买个瓜,就去洗澡。

县城浴室在后街,平房,小门脸儿。进屋,服务员迎过来,肩上搭条毛巾,扯着嗓子喊,客来了,六位,雅间请。雅间在里屋,把瓜递给服务员,交代用井水镇着,就下池子。泡在烫水里,酒往上涌,一阵舒坦。

爬上池子,歪歪倒倒进了屋,服务员端来瓜,瓜已切好。吃瓜,吃完瓜,抽烟,抽完烟,就睡着了。

一觉醒来,摸口袋,没钱了,就说,回家。

出了城,眼前是条河,河面很宽,河边是渡口,没钱了,就脱衣服,下水,跟着船,慢慢地游过去。这个月,得靠别人供养。

太阳西下,一路野唱……

2000年搬家,最高兴的,是有了淋浴器,也有了淋浴房,热水一开,天天洗澡。可还是想着澡堂。

澡堂现在还有,大一点的,叫浴场,小一点的,叫会所,最近,好像改叫温泉了,我也不知道,上海什么时候有了温泉。

有点印象的,是澡堂变成了桑拿,休息大厅是一色的软沙发,高级点的,沙发边上,还有个小电视。可是,不能光屁股了,男男女女都有,得穿浴衣。穿上浴衣,就好像不是洗澡,而是来度假的。

浴池还是有的,但是多了个桑拿房,里面有个大铁炉,放的不知什么,用水浇,哧哧的热气,蒸得出汗,说是排毒。出汗排毒,有道理。过去在农村,老乡说,三伏天推小车,吃铁也能消化。意思是,出了那么多汗,不会得病。城里和乡下,区别是,乡下靠劳动排毒,城里人,开着车去健身房,出身汗,再开着车回去。

桑拿真心不错,但我还是喜欢泡澡池。我家楼下,有个小浴室,下午半价,不贵。冬天,隔三岔五就去泡一下。后来,小浴室关门了,赔钱。前几年,在重庆,重庆温泉有名,但里面实在太大,东一个池,西一个池,且都在露天。转晕了,就想,这是泡澡呢,还是看野景。

记忆深的,是台北的温泉。阳明山,林语堂故居往上走,有家国际大旅社,清水墙面,旧得有点年纪了。要了间日式房,三个小时,九百新台币。进屋,盘腿坐下,要菜要啤酒,里间就开始放热水,说是浴缸，就一水泥砌的大池子，满满的硫磺味。这边厢喝酒，那边厢泡澡，轮着去。喝好泡好，下楼结账，连房间带酒钱，二千新台币。四个人，一个下午。说到桑拿，想起一个人，冯统一冯先生。统一兄是北京《读书》编辑吴彬的先生。京城奇人多，我认识的，有两个，一个是阿城，另一个，就是冯统一了。阿城自不待说，名满天下。到上海，随便哪个口袋一摸，不是秦砖，就是汉瓦，周易八卦，河洛天书，孙甘露孙老师，佩服得五体投地，立马告别先锋，改做后勤。冯先生和阿城有得一比，两人的学问，小一半，是从琉璃厂来的。没在琉璃厂走过，是不能谈传统的。冯先生年轻时在京城某大师门下行走，稀罕玩艺见了不少，后师从夏承焘夏先生，诗词曲赋古玩字画，更是无所不精，无所不晓。二十年前，在杭州见统一兄，那时，统一兄改走西洋路线，西装短裤，白色长袜，长袜长到膝盖，棕色的小牛皮皮鞋，手里拿一英国雕花烟斗。统一兄奇人，也趣人。说起八十年代初到香港，倪匡引见金庸，金庸留饭，席间，问，冯先生喝什么？冯先生想，二锅头是说不得的，得说洋酒，杭州黄育海曾有名言，洋酒中，好喝不过威士忌，就答，威士忌。金庸手一摆，有人下去，稍顷，送上一瓶威士忌。倪匡耳语，说，冯先生你面子大，查先生只藏红酒，这威士忌……嘿嘿，现买的。统一兄，一席古今中外，俘获无数女人心。到绍兴，妇女买霉干菜，也都谦虚地过来征求冯老师的意见。

再见冯统一，已是若干年。在上海，一茶室，这次，统一兄改着唐装。老板有钱，喜做雅人，闻得先生驾到，恭请鉴定镇馆古玩。先是田黄，看得统一兄两眼放光，再是青铜，冯先生摩挲良久，竟是舍不得放了。我在边上提醒，缺点，说缺点。上楼，入一雅室，室内置一古筝。冯先生大声说好,室雅何须大,只是……。老板眼睛就大了。筝琶,商女之音,雅室还得古琴。老板听了,立马叫手下,听见没,换,明天换古琴。当然,冯先生这话,在京城是不敢说的,张珊听了,立马会有人命。张珊,中央民族大学教授,古筝名家。不过,那一天,茶钱倒是免了。

饭后,约着泡澡,统一兄赤条条坐在桑拿房,咻咻的热气,蒸得浑身通红,我早就逃之夭夭,统一兄乐不思蜀。统一兄蒸得兴起,出了桑拿房,跳进冷水池,大喊,小二,加冰。服务员赶着倒进一桶冰。再进桑拿房,又入冷水池,如是者三。再看冯统一,健硕如牛,已非昔日之文弱书生了。

我却依然如故,想着的,是泡澡的乐趣,是少年时,过年的欢乐。人老了,想想过去,也是可以的。

沈嘉禄

我的三位兄长

身处阳光耀眼、尘土飞扬、噪声震耳的城市，每天一早又不得不打起精神去面对成堆的俗务，记录、拍照、码字……不厌其烦之际，呷一口残茶，突然会想起我的三位兄长。他们在百里之外、千里之外，忙着自己的事，但在我的想象中，似乎又投来慈祥的一瞥，越过千山万水，让我的头顶感到一阵温热和酥麻。

那天下午幼儿园突然放假了，老师真是任性，说放就放，一群小屁孩就像竹篓打翻后逃出来的鸡仔那样欢叫着回家了。我摸到了家里，门关着，敲门，不应，我心生害怕，好在亭子间里的女人及时将我接过去。那里有花团锦簇的五六个女人，将亭子间挤得水泄不通，她们都穿着底很厚、涂着红漆并绘有各种花卉的木屐（上海话又叫作木拖板），叽叽呱呱说着抑扬顿挫的广东话。后来我从妈妈那里知道这些女人都是跑单帮的，整年在外，难得回家。她们像打量一件货物一样将我拨来拨去，问这问那，塞几粒糖给我吃。不一会，大哥出现在门口，道一声谢谢后将我抱回家，切了半只豆沙月饼给我吃。然后不管我愿意不愿意，将我按倒在床上睡觉，他则继续埋头工作，桌上摊着他带回家的一大堆本本。我想他刚才一定是太投入了,没听见微弱的敲门声。这是大哥给我留下的最初印象。

在家里我是奶末头,上面有四个兄长一个姐姐。在四个兄长中,对我影响至深的就是大哥、二哥和三哥。大哥与我都属羊,他大我一轮。大哥尚未在上海船舶学院毕业就被留校了,上午就做辅导员,下午继续当学生,有十五元津贴。领了津贴,他就连夜从浦东七号桥赶回家里,将其中的九元钱交给妈妈,留下六元自己开支。他一直住校,周末回家就成了我的期盼,妈妈照例会烧一砂锅红烧肉加虎皮蛋改善伙食。他常带我外出吃早点,但先要在弄堂口看一下当日的报纸,彼时里弄干部会将报纸夹在一个铁丝网夹当中,挂在墙上供居民阅读。然后我们就去老西门,在乔家栅吃馄饨或八宝饭。若在夏天,大哥就穿圆领汗衫,执一柄蒲扇遮阳,那模样简直就是一个小老头子,其实他不过二十岁左右啊。

有一天亭子间里又聚集了多位广东女人,旁若无人地喧闹,大哥拿着一张报纸一只小板凳走上露台,看到关键处就情不自禁地朗读起来,"一分为二""生产力和生产关系""人民内部矛盾",这样的词汇挟着凌厉的气势,把亭子间里的女人们吓坏了,不一会就作鸟兽散了。

大哥后来调入财务处,从此落下了职业病。在家里吃饭,肩上斜背的帆布背包说什么也不肯卸下。带我外出买东西,出门前必定面壁数分钟,将衣服口袋摸个遍,确信没有东西遗漏才说声"开路"。在商店里只要掏钱买过东西,离柜前必定要猫着腰将周围数平方米地面仔细检查一遍,生怕掉了什么东西。带我去,目的也是多双眼睛。如此紧张的他也引起营业员的关切,大家帮他一起寻找,结果自然是一无所获。

"文革"中,我家里也被抄了,父亲在抗战胜利后借高利贷开过一家胶鞋店,蒋经国一到上海,他就破产了,造反派可不管这些,雇了伙计就是资本家,还要加上"不法"二字。大字报贴在弄堂里触目惊心,大哥铁青着脸回到家里跟父亲讲政策,讲形势,父亲唉声叹气,不敢有任何解释。这时大哥已经是预备党员了,影响大哥进步,老爸一定愧疚。过了小半年,妈妈跟大哥说:你的爹总归是你的爹,你回家还是要叫他一声的,毛主席也没有要大家断六亲啊。

船舶学院在七十年代初迁至镇江,大哥回家就少了,但在信里经常对我殷切叮嘱。八十年代开始,全国经济从复苏到勃发,随着院方对大哥日益倚重,他的职业病也越发严重,来上海出差,能住家里就不住旅馆,这样就省了一笔开支。电子计算器普及了,他的包里还塞着一把袖珍算盘。用过的电车票一大把,公私分明,报销单背面贴了车票,再附上自己画的线路图。后来他出任学校的总会计师,大笔一签就是上百万,但去广东出差,接待单位请他吃了一顿早茶,心痛得不得了。有一次跟院长来上海开会,为了找一家便宜一点的饭店,竟在市区兜了两个多小时,一把手拿他也没办法。

看大哥写字也是蛮有趣的,那一串串乏味的阿拉伯数字,被他写得跟印刷体一样清晰漂亮。小学一年级我在田字格内写字,大哥也要求我写得有波有折。我后来写字还算过得去,就得益于他的指导。

有一次我被朋友拖去歌厅K歌,有人点了一支日本歌曲《北国之春》,唱到一句"家兄好似老父亲,一个沉默寡言人",我仿佛被打了一拳,啊呀,这支歌就是为大哥写的!直到今天,我会唱的流行歌曲只有《北国之春》。

二哥是我走上文学道路的引路人。他读中学那会就立志当作家,砖头样的《石头记》被他翻烂。六十年代初因为工厂解散,妈妈转入里弄生产组绣羊毛衫,每天领一大包羊毛衫回家,二哥、三哥以及四姐就成了妈妈的得力帮手,放下书包就拿起绣花针,一家子胼手胝足,飞针走线,勉强赚点小钱,聊补油盐柴米。大热天,哥哥姐姐的手臂上都被毛羊衫焐出一摊摊痱子,我就在一旁给他们打扇驱暑,二哥为给我鼓劲,就讲故事,从火烧赤壁讲到武松打虎,逗得我哈哈大笑,手下就刮起了阵阵台风。

也许是小说看多了,二哥身上就有一种小布尔乔亚的浪漫与狂热,要求上进没错,冲动也是难免,1965年写血书投奔新疆生产建设兵团,住过地窝子,啃过窝窝头,在"文革"中被拥戴为"秀才",也被对立的一派团团包围,如林的长矛破墙而入,身边的战友一个个倒在血泊中,他也差点一命呜呼,死去活来的经历,都成了他后来写小说的素材。"文革"一结束,他考上新疆大学研究生,写了不少小说,得奖也是寻常事。我第一次去《萌芽》,第一次去《上海文学》,都是他带我去的。但根据有关政策他还不能回上海,只能回祖籍绍兴,当了几年教师就调到杭州传媒大学。新疆知青跟别处的知青比,一步踏空,步步踏空。

只要二哥在上海,我愿意将刚刚写好的小说给他看。二哥对我的指导很具体,细节、悬念、人物、语言,像针灸一样叫我又酸又麻。写小说是不必教的,但这样的指导有与没有可真不一样。二哥自小说诗歌发轫,转而涉足影视,成绩很大,还得过"五个一"工程奖。十多年前情况开始于他不利，在戈壁滩上落下的颈椎病日渐严重，华山医院的手术似乎也不理想，最后只得坐轮椅。但片场要他去说戏，他立刻出门，让二嫂推着去，装在塑料袋里的一只扁马桶就在轮椅把手上摇晃。与大哥一样，二哥也是一个不懂享受的人。

三哥是个画家，他是有天赋的。北京奥运会的水上项目放在青岛，艺术总监就是他，青岛的市徽也是他设计的。是的，他在青岛，"蓬莱此去无多路，青鸟殷勤为探看"，青岛让我想起青鸟，黄海让我想起蓬莱，三哥此去已有四十多年。他在比乐中学那会就是搞宣传的活跃分子，常常将标语带到家里来写，后来以百分之一的比例考进轻工业专科学校美术专业。当时教学为生产服务，上线的考生先让轻校和纺专掐尖，最后归美专。他后来在一篇文章里回忆彼时的努力："清晨就到集市画速写，晚上熄灯后还在蚊帐里打着手电筒做笔记、抄书，于是眼镜又成了900度，镜片啤酒瓶底似的。"他的写生稿、设计稿放在家里，我常翻出来看，写生稿还看大不懂，但设计稿真跟今天的电脑稿一样完美无瑕，创意又灵。同学喜欢，我甘当败家子，每次出手五六张，他发现了也不责备我。更具吸引力的是外国美术资料，异国风景，裸体美女，藏得再深也被我找出来，然后叫同学一起来偷尝禁果。这些画册唤醒了当时我们的性意识。

三哥的学校在江湾五角场，每个周末放假他都选择步行，一小时多的路程让他大汗淋漓，省下的车资积起来，到福州路书店换成美术资料。他穿跑鞋，脚汗多味道大，回家第一件事就是用自来水冲洗。他经常带我去看美展，逢到熟人就抚着我的脑袋说：我弟弟，也喜欢画画的。我当然得意，三哥把我当作圈子里的。那时新华书店出售一分一张的油画国画宣传画单片,也会分几张给我,我就临摹成素描稿,我对美术的兴趣就是他培养的。

三哥毕业分配去了青岛晶华玻璃厂,这个企业是为青岛啤酒厂配套的。领导安排他在俄制的RD13型煤气发生炉上当小工,落料、打钎和出渣样样干,还跟老师傅们争先。有一次煤气爆炸,烈焰将他的头发眉头烧了,还将他的眼镜架烧化了,镜片掉在地上都不知道,眼睛再遭重创。拿了第一个月的工资,他就往家里寄。信是我收的,一激动就在底楼前客堂邻居家里拆开来看,啊,一大沓青岛风景照片,海滩浴场、水族馆、栈桥、八大关,天堂一般美丽。邻居小孩争相传阅,没想到信里夹着的十元钱掉在地上,邻居老太捡到了死不认账,气得我妈妈只好在我身上发泄。三哥后来知道了,信里也没有一句责备,反而安慰我。

三哥回上海探亲的日子也是我期待的,他在假期里可以定下心来画几笔了,有时候也去公园写生,这是我在旁边观摩的机会。他功底很好,有一次他准备临摹一幅美国女画家玛丽·卡萨特的《洗澡》,叫我打了一个一米多高的油画框。我一时粗心,长度增加了两厘米,他一路画下来,不多不少正好留出两厘米的一条空白。这张画他留在家里,在搬家时不知弄到哪里去了,可惜。后来三哥当了青岛市轻工业局研究所的领导,白天忙行政事务,晚上等家人睡下才能静心作画,每天睡两三个小时,十多年里也画了48本画册。

提前退居二线后,三哥的眼睛越来越差,他是想回归老本行的,买了许多宣纸,但一落笔发现眼睛不行了。青岛有一家医院,还是一战之前德国人建的,眼科治疗水平在全国领先,但三哥做了晶状体置换手术,改善无多。现在他写大字还可以,视力只有0.025,像晚年的黄宾虹和沈尹默,走笔完全凭感觉,前不久还写了几副对联和一幅中堂给我。他在北方生活几十年,受环境影响,又有北碑功底,结体章法有磅礴之势。

一个人的一生,一般会受几个人的影响,确定或改变人生的定位或走向。我的三位兄长,一个总会计师,一个作家,一个画家,共同生活在一起的时间不算多,但是他们的一言一行对我影响是深远的,这里记录的仅仅是几个细节而已,更多的甜酸故事,更多的复杂感情,二十多年前被我写进了中篇小说《冠礼》。他们儒雅、谦恭、朴实、勤勉,像生活在旧时代的人,至少像上一辈的人。二十年前,我们家得到有关部门的一份奖状,父亲被人请去作过报告,题目是如何培养子女,我能想象老爸彼时的表情。他当然也会提到我。旧时人夸耀一门四进士,我们家出了一个总会计师,一个画家,两个作家,老爸也可以得意一下子。

网络时代呼啸而来,茁壮成长的独生子女,志趣及价值观的形成,可能受虚拟形象、虚拟空间的影响要更深些,极易走向叛逆、偏激及怀疑,这当然也不都是坏事,但在预料之外的诱惑和打击面前,也可能陷入无法倾诉的迷茫。兄长的价值,此时就显现出来了。

朱正琳

客居故乡

十三层高楼上,六岁的姨外孙占领了阳台,把那里当作了他的指挥舱,"左满舵,右满舵"地叫个不停。客居的我向来是他的玩伴,此刻站立一旁,俨然成了他的大副。于是,整幢大楼就真好似一艘大船,正缓缓前行——我甚至仿佛感觉到它轻微的晃动。举目望去,只见前方"大船"林立,拥堵逼仄,倒像是已接近港口。趁着"船长"在忙乎,我透过"大船"之间的空隙想要搜索"往日踪影",结果竟毫无所获。忽然有一种感觉:我所熟悉的那个城市已经沉入水底多年了。那连成片的青瓦屋顶,眼下人们涌向黔东南苗寨去看的青瓦屋顶;那青石板红石板铺成的街巷,眼下人们涌到古堡青岩去看的街巷;那街面上雨后积成的小水凼,放学回家路上赤着脚在那儿戏水的小水凼;还有那木板房,老祖母正倚门而望的木板房……

——以上是几年前记下的一点感触。那点感触,似乎可以说成是"身在故乡还思乡"。不过我其实没那么"文艺范儿"。我想表达的,虽然确有几分怀旧之情,但更多的倒是一种惊奇:那个在我记忆中那么清晰、那么完整地保留着的小城,这些年怎么就从我眼皮子底下消失了呢？

　　1980年我到北京上学时已三十三岁，算不得"少小离家"；此后几乎每年都回贵阳探亲，也说不上是"老大回"。只是每次来去匆匆，且都是寄居在兄弟姊妹的家里。那光景，一多半倒像是在做客，连父母家人的态度都透着几分客气。回来之前，常接到家人朋友的电话（最初是电报）：几时回来？回来之后，寒暄中又总是有一个必被问到的问题：几时回去？来来去去都是"回"，就这样"回来回去"地跑了有三十多趟。三十多趟不算多，但三十多年却已过去了。人道是，弹指一挥间。老了，退休了，索性逃离雾都，回家乡来住。这不，已经老老实实地连续住了一年多时间。三十多年来第一回从头到尾经历了故乡的春夏秋冬。花开花落，寒来暑往，季节变换的点点滴滴，唤醒了许多沉睡已久的记忆。这才知道1980年那一别，其实也是一个"阔别"。

　　长住当然是住在自己的居所了，但做客的感觉却仍旧没有离开过我。我总觉得自己好像某个笑话里的那位醉汉，当另一位醉汉问他"请问这天上是太阳还是月亮？"时，他的回答竟然是："对不起，我不是本地人。"我真的不像是本地人。最直接的证据就是，我已经不太认识这个城市。大十字还叫大十字，喷水池还叫喷水池，中华路还叫中华路，中山路还叫中山路……但街面和街两旁的建筑物都已面目全非，即便那些僻静的小街巷也莫不如此。就说我童年居住多年的河南街及蜿蜒相连的红石街，如今也还在，只是一幢平地而起的大楼已经基本取代了两条街上所有的原住房——不管是简陋临街的木板房还是砖墙围成的"深宅大院"。那些当年可助我们"躲猫猫""打游击"的曲折幽深自然也都荡然无存了。这些变化当然远非始自今日，早些年我回来就已发觉，眼前的景象几乎是一年一变。有一回我在出租车上被转昏了头，不得不虚张声势地警告司机师傅："我可是老贵阳哦！你不要想蒙我。"那位师傅不急不恼，笑嘻嘻地说了一句："你是老贵阳不假，不过，怕是也有几年没住在这里了吧？"

我自认为"乡音未改"，但贵阳乡亲们的"乡音"却在改。年轻人和孩子们自不必说，他们的有些词汇不是从口语而是直接从课本或电视中学来，发音难免会向普通话靠拢，最常见的是声调（四声）上的靠拢。随便举一例，打游击的击字，我们小时候都读作阳平声（第二声），现在的孩子们却读作阴平声（第一声），所以在我听来就成了打油鸡。与孩子们对话时，此类事例并不少见，有时候对话会因此被卡住，须得有脑筋急转弯的本事才可继续。后来我发觉，我的同代人中也时常会有这种发音上的改变，只是他们不自知而已。有一次一位熟人打电话约我们同去看电影《非诚勿扰》，但他把那个勿字按普通话发作去声（第四声），而老贵阳话原先的发声却是阳平声（第二声）。我因此半天反应不过来，脑子里出现的竟是"飞城雾绕"四个字。还有一个例子或许更值得一说。现在的贵阳话里，做字（无论老少）都已统一发作zuo（去声）了，而我们过去的发音却是zu（去声）。我寻思，这个字在近三十几年来或许是"谈业务"时使用频率最高的一个字，变为更通用的发音也是势在必然？这些年的贵阳城，慢说来"谈业务"的，即便是长住于此的居民，都可谓来自五湖四海。单说我们现居的小区，南腔北调，什么样的乡音没听见过？于是，带着各种口音的普通话也就随处可闻。耐人寻味的是，小区里的儿童全都说普通话，且都比紧跟他们身后的阿姨、爷爷、奶奶、姥姥、姥爷要说得好。不由想起我的童年时光,学校提倡说普通话花过多大力气?一度几乎成为一个政治任务呢!记得我们学校有一个同学坚持说了几个月,得到的表彰就有如"劳动模范"或"学习标兵"。不过,那样的推广竟每次都是以失败告终。而今呢?只怕快有人会以"文化"的名义呼吁保护贵阳话了吧?

其实,近代以来的贵阳差不多是一个移民城市。我就是两岁时才随父母迁移过来的。我记得,直到上小学,我才真正学会说地道的贵阳话。可是后来又发觉,老一辈人中有一些"老贵阳",说着乡土气更重的"老贵阳话"。语言的变迁远非始自今日!只不过眼下的变化确实比较急剧,原先历经几代人才能出现的变化,如今却好像在十年、二十年间即可完成。夸张一点说,我现在保持的"乡音",就已经可以被认为是一种"老贵阳话"了。不是每一代人都有幸亲历这种急剧变化的。我因此竟有些着迷于追踪这种变化,没事就偷偷琢磨一些方言词汇发音的来龙去脉。

去年,旅居美国的儿子回来探亲,我对他说起我的这种晚年新爱好,有意想跟他"分享"一下我的一些小成果。没想到儿子只淡淡地说了一句:"你是有乡土的人,我是没有乡土的人。"我听后心里一惊。这才意识到,我一向自以为"四海为家",但实际上怕还是装着一腔乡土情怀。而儿子呢?六岁跟随我到了北京,此后又从北京到武汉、从武汉到北京地来回折腾,最后竟自己折腾到美国去了。他在家中倒是一直说贵阳话,但在贵阳却没有任何同学和朋友,所以回来后连做客的地方都很有限。我不禁自问:此生我是不是欠着他一个"家乡"呢?儿子自己显然不这样想。回到美国给我来信时,他用两句打油诗表达了他的不在意:"天涯何处是我家,麻省秋天顶呱呱。"随后又说:"这是一个选择:是认同你的酋长,还是认同你的理性。"我想他说的也没错。如果这个世界上的人都只认同自己的酋长,我这个做父亲的又怎敢让自己的儿子漂洋过海?万一他遇到吃人生番该如何是好?于是我提笔回信道:"理解你的浪子情怀了。告诉你一句话,马克思早就说过:我是世界的公民。"

张　珑

中西女中教给我的……

黄金岁月

创建于1892年、结束于1952年的美国教会学校上海中西女子中学，背负着"资产阶级贵族学校"的原罪，早已沉沦于历史的尘埃。对于它的种种误解和贬斥也已逐渐淡出了人们的记忆。但是，最近该校年逾古稀的校友们竟然发起编撰它的校史，从而又激起了我的涟涟忆想。

我生长在一个传统的世代书香之家。祖父张元济先生创办商务印书馆，毕生以"扶助教育为己任"。父母亲对我的教育一向抓得很紧，他们送我上当年这所名校，为的就是要给我最好的教育。说来有点像天方夜谭，我从入中西附小四年级开始，直到1947年高中毕业，没有经历过一次考试。没有受过"小升初""初升高"的一系列洗礼，甚至没有受过"期中考""期末考"之类"过五关斩六将"式的考验。我们的成绩是平日分数的总和，包括小测验、做实验、写作文、周记、读书报告，上台演讲、演戏、品行、办事能力等等的综合成绩。看着邻家孩子们今日的苦读，我庆幸自己的中学时代是一生中最快乐也是受益最多的黄金岁月。

一入学,就有高班的学姐告诉我,见了老师和同学都要礼貌地打招呼,上午说"早",下午说"好"。于是我养成了一个习惯,见了人总是愉快地打招呼。"谢谢"和"对不起"则是待人接物的基本口头语。曾经看见过一个电影《最后的贵族》,影射的就是中西女中,把女学生们描述成娇滴滴的贵族小姐,穿着高跟鞋,挽着男友,翩翩起舞。殊不知学校不允许学生着装奢侈,更不准施脂粉。记得班上一个同学,星期一早上来上课时,涂着红指甲。被陈观裕老师发现,当堂令她回去把指甲油擦掉再来上课。还有一个同学收到她叔叔送的一件可以两面穿的外衣,一面是靓丽的绿色,另一面是黑色。她老是穿着黑色的一面,生怕鲜艳的绿色太引人注意!

学校教育之严涵盖了生活的各个方面。许多良好的习惯就是从小培养起来的。例如出门时必须礼让他人先行;咳嗽打喷嚏时要用手帕捂住嘴鼻,不可出声;在教室或图书馆走动要踮起脚跟,更不可大声喧哗干扰别人。总之要处处为别人着想,不可仅想到自己的方便或好恶。中国的古训"谁知盘中餐,粒粒皆辛苦",在一日三餐中都得以贯彻。任何浪费食物的行为,如扔掉半个馒头,或倒掉饭菜,都要受到批评。从家里带来的零食不准带入寝室,一律由老师锁在"吃食间"里,每天下课后四点到四点半是一天中唯一可以吃家里带来的零食的时间。那时我们都是住校的。对卫生的要求更是严格:每天早起必须把屋子打扫干净,书籍衣物摆放整齐,纸屑杂物不准乱扔。我们去上课后,训育主任都会逐间检查。发现有不整洁的屋子,是要被叫到她的办公室批评的,学生们称之为"吃大菜"。这些说来都是小事。但良好的生活习惯反映的却是学生是否有教养。在我自己成为老师之后，每每看到学生宿舍中的脏乱现象，都会暗自哀叹素质教育之缺失。

自信心的训练

今天中国改革开放，走向世界，英语这种世界通用的语言已成为对外交流不可或缺的工具。因此除学校的英语课程外，课外的英语补习班、各种快速教授英语的学校，甚至"三个月即可学会牛津英语"之类的广告，比比皆是，不仅占用了孩子们大量的时间，也吮吸了父母辛勤工作的积蓄。大概是因为自己当过英语老师多年，得了"职业病"，每到一处旅游景点，总会关注那里的英文介绍。可以说绝大多数是"中国式英语"，错误百出。令外国人看不懂，更令我这个曾经的英语老师汗颜。这也可以从一个侧面折射出多年来对于英语教学的努力，结果并不理想，所付出的代价和所收获的效果远远不成比例。

中西女中向以它的英语教学著称。今天的人们也许很难想象，我们当年没有专为英语教学编制的教材，更没有英文语法书！我们读的是英文原版的古典文学小说。今天有些已经翻译成中文的小说如《简·爱》《傲慢与偏见》《双城记》等等，其原文著作都曾经是我们的课本。甚至莎士比亚的原著剧本也曾是我们高中的读本。老师挑重点的章节在堂上讲，其余部分留作课外阅读。语法、词法等都在讲授课文的过程中结合起来讲解。老师引导我们从文学角度来理解和欣赏课文，往往让我们听得出神。从这些经典作品中，我们不仅积累了对英语丰富的感性认识,更开阔了眼界,对西方世界的文化、历史和人文习俗有了解了,从而学会如何用英语思考并用符合英语习惯的表达方式写英文作文或读书报告。

练习是多种多样的。模仿原著写自己的小故事,或将原著中的一段编成短剧便是练习之一种。老师往往让我们上台讲自己编写的故事。记得我第一次被叫上台去讲故事,面对着全班同学的专注目光,吓得浑身哆嗦。但这种练习是经常性的,久而久之,上台讲话或演戏成了家常便饭,使所学到的词汇、语法,连同语音、语调都变成了活的知识,根本不需要死记硬背。学校里有非常好的开架图书馆,老师们都鼓励我们广泛阅读。在挑选图书时,图书馆馆长江梅娟老师往往会不声不响地出现在我们的身边,介绍一些好的读物。记得她介绍我看哈代的《苔丝》,说"你看了要哭的"!这就是我十分热爱十九世纪英国作家哈代作品的开始。中西教学的基本原则是培养学生的思考能力,启发我们自觉获取知识的潜力。例如作文,老师往往只规定体裁:或记叙文,或描写文,或论述文,而对内容则从不做任何规定,和今日普遍存在的填鸭式教学法和所谓"标准答案"完全不同。经典文学作品带给我们的不仅是语言上的知识,更是人文学识的熏陶,无形中也就是取得了素质培养的效果。

回顾当年,母校从小培养我们有自信心,能独立思考,教导我们养成"诚恳做人,踏实做事"的良好风范。一个人的能力有大小,但在自己的能力范围内,我们有强烈的责任感,勇于面对挑战。这种办学方针远非今天一味追求高升学率和索要高额赞助费的功利主义所能及。

改行之后

离开中西后,我在大学主修英国文学。毕业后到北京大学西语系英语专业任教二十年。由于客观环境的变化,这一生中免不了经历许多挑战,而最大的挑战莫过于改行。

"文革"时,我随着丈夫下放到了湖南湘西地区。1973年,他因工作需要又调回北京,我也随着回来。但出乎意料地被留在了他所在的建筑设计院,没能再回北大,也不能重拾我的老本行。霎时间,我掉进了一个完全陌生、让我两眼一抹黑的工作环境。周围的人们都把我看成是为了照顾而勉强安排的一个家属,还时不时地听到一些风言风语。既然不能离开这个专业不对口的环境,我下定决心面对挑战。

我抓住一切机会去建筑工地学习,用心观察房屋是如何盖起来的,道路、桥梁又是如何筑成的。我跑工地,爬混凝土运输车,壮起胆子爬上很高的脚手架,去外地出差。在这个过程中,我学到了许多见所未见,闻所未闻的事物。逐渐地,我开始和同事合作做专题。为此我看资料,做笔记,记专业词汇,收集国内情况,翻译国外资料,写出专题报告。经过这番学习,加上家里还有"家庭教师"的辅导,我学到了一些这个陌生行业的皮毛,也掌握了不少中英文的建筑词汇。凭着中西给我奠定的英语基础,我做到了可以顺利地从事专业性的英文口译和笔译。改革开放后,国际交流渐增。我因此做过许多英语的口译工作,在许多国际学术讨论会上担任过口译,甚至在大型国际会议上充当过同声翻译。这都得归功于中西给我的基本功训练,使我时隔数十年还能灵活地运用语言,临阵不慌。

上世纪八十年代,我有幸参加过中国建设部和美国住房部的合作项目,编写了一本有关城市规划、施工管理和住房建筑的专业性词典,我的工作获得了美国同行们的赞许。1982年我在领导支持下,创办一本英文季刊《中国建筑》,一路艰辛,付出了十多年的心血,乃至健康。从1988年起,杂志成功地试销到美国,第一次订购就是3 000册,每册六美元,反响颇佳。但是最终还是由于人力的缺乏和种种客观条件的不允许而宣告停刊。有趣的是在我退休三年之后,收到美国哈佛大学图书馆的信,要续订我们的刊物,并说以前缺了好多期,希望给他们补齐。能得到哈佛大学图书馆的肯定,无疑对我是最大的安慰。

许多考验和经验证明中西的英语教学是成功的。教育的成功不仅只是知识的传授,而是在于人格和素质的培养。语言学习不是"立竿见影"或"急功近利"式的,而是必须受到语言文化的熏陶。记得当年我还在大学里执教的时候,外语教学有本科外语和公共外语之分。公共外语的对象是除外语系之外的学生。但是,专业有千百种,一门公共外语,哪能满足各种专业的需要?根据自己的经验,我认为最重要的是把基础打得结实,才能应付各种专业的需要。中西当年的毕业生很多进大学后选择了理、工、医等学科,而母校给她们打下的英语基础都让她们游刃有余,终身受益。至于英语基础教育如何才能得其门而入,恐怕是当下一个值得认真研究的课题。

孙 洁

9011

"9011"是个代号。我们复旦每个班级都有这样一个代号,前两个数字表示级别,也就是入学年份,后两个数字代表院系,"11"是中文系,"12"是外文系,"13"是新闻系……"9011",就是1990级中文系。早我们十一年入学的8011班,去年出了一本书,叫《1980我们这一届》,纪念毕业三十周年。全班93人,写了81篇文章,目录页浩浩荡荡,全是以"8011"开头的学号,把人看呆了。

等等,你说8011比9011早十一年入学?数学是语文老师教的吧?倒也不是,事情是这样的:因为我们1990级是复旦连续三年入学先完成一年军训(现称"军二届")的第一届学生,当年拿到录取通知书后直奔军校的,正式进校报到开始学专业课,是在1991年9月了。

于是我应该也已经讲清楚了为什么我们班要到1995年才散伙,嗯,今年是散伙二十周年。

戴老师

9011有37个学生,分"中国文学"和"汉语言学"两个专业。一二年级时候，大家在一起，上包括各时段的中外文学史、作品选、汉语、文艺学、语言学在内的基础课，到三年级分道扬镳，各上各的课去。大家一起上了四年的课只有一门，就是辅导员每周二下午的例行班会。

  辅导员是现代汉语的博士戴耀晶老师，刚刚毕业，很腼腆。大概是因为缺少上课的经验，在我们面前他总是显得有些紧张。比方说，站到讲台上，他捏着粉笔的手指总是会不由自主地颤抖。为了控制这种神经质的颤抖，他常常一边讲课，一边折断一支粉笔，有意无意地把粉笔头排列在粉笔盒旁边。也就是用了类似的一些小技巧，他迅速地克服了初上讲台的腼腆和紧张，把自己调整到一个辅导员的最佳状态，先是通过几次活动把这个患有"军训后遗症"的群体捏合在一起，又利用自己在学问上的优势占领了9011的制高点，同时神奇地和很多同学成了哥们儿。那时候，每周二都要开班会，不管有事没事，大家都需要坐在一起面面相觑一节课。大三那年，我们班的李岩炜写了个中篇小说，叫《说完了的故事》，一鸣惊人地发在1994年第一期的《收获》，名字和柯灵、蒋子丹、迟子建、冯骥才排在一起。那次班会课，戴老师特别高兴，他用他那特有的洪亮的、字正腔圆的、又微微有点发抖的标准普通话，说："李岩炜同学发表了一篇小说，叫《说不完的故事》……"话音未落，全班已经笑倒一片。

  戴老师是一个信奉拼搏、信奉正能量的好老师。被他领进门，连续四年，随时接受他灵魂里散发的儒者气息的熏炙，是9011的荣幸。

  去年9月22日凌晨，过度操劳的戴老师过早地倒在人生路上。追悼会上，一个铺满黄色菊花的葵花形大花圈上，缀着37朵白玫瑰写成的大大的"9011"四个数字。

骆老师

9011回校读书之前,刚好是8711离校。朱刚在系团学联的小报《钟文》里写:"《庄子》曰,醉者神全。被《列子》抄袭了,被刘伶实践了,被渊明带入桃源,从15号楼吐到3号楼。"这段话当时随着一张16开的散发着油墨香味的小报纸,被辅导员从复旦带到南昌陆军学院,唤醒了每天叫着番号踢着正步日出列队日落站岗的中文系孩子们的文艺之心。1991年6月的一个清晨,军校食堂里,9011的孩子们啃着碱放太多了的大黄馒头,传阅着这张报纸。他们懵懵懂懂地想到,读中文系,是要看《庄子》的,也是要喝酒的。

大一的第一堂课,是骆玉明老师的《中国古代文学作品选》,一开口就是:"你们来复旦读书,要做的第一件事就是把中学里学的知识全部颠覆掉。"我们这一班人,先是循规蹈矩地读了六年中学,一个个争做好学生,随即便被时代的车轮带去了军校,走了一年队列,学了一年军理,突然听到这样的话,大家都有点发懵。很多年后,当我在课堂上对一年级的孩子们说出差不多同样的话的时候,恍然间,觉得自己也还坐在他们中间。

随后的一个学期,骆老师便开始颠覆我们的"旧知识"了,他讲课很奔放,每次讲到庄子、阮籍、嵇康、李贽这些特立独行之辈,便会激动起来,全班也跟着他激动起来。有几次,课上完了,正下着小雨,骆老师一缩脖子,把书和伞夹在腋下,信步走入雨中。大家就隔着教室的大窗户,默默地望着他走远。

嘻嘻哈哈地听了一学期课之后,迎来了大学时代的第一个期末考试。迎考的日子里,大家都自觉地跑去教室自习,不到熄灯不回宿舍。那一天也不怎么特别冷,虽然第二天就要考作品选了,坐在自习室里还是不住地发抖,完全看不进书,一跺脚裹上围巾就回宿舍了。刚踏进寝室的门,肖艺抓住我的胳膊就嚷:"你回来啦!骆老师来过了,刚走!"什么情况啊?原来是明天要考试了,骆老师在家里一琢磨,题型还没公布过,越想越觉得如果不去给我们提个醒儿,大家都会考砸。于是他冲进寒风,跑完男生宿舍跑女生宿舍,告诉大家,明天要考二十个填空题,范围是教材里所有作家的姓名字号包括室名、谥号,请大家务必连夜准备,说完便匆匆地回去了。这门课用的教材是朱东润先生主编的《中国历代文学作品选》,虽然只上了一学期课,教材却是毫不含糊的六大本,所有作家的名号啊……

就这么不期然地迎来了大学时代的第一个通宵。宿舍每天晚上十点半准时熄灯,只有走廊里有灯。寒风刺骨的冬夜里,9011的女生,一人裹一件军大衣,坐一个方板凳,在三间寝室门口一字排开,念念有词地背诵,直到东方发白,窗外飘起了雪花。

中秋节

前面已经说了,我们班分语言和文学两个专业,到大三必须按各自的专业上课。因为我所在的语言专业惦记转专业去学文学的人太多,跟辅导员、系主任软磨硬泡一年之后,系里终于给了一个名额,可以从语言专业转到文学专业。倒不是说两个专业在就业上会有什么不同,或者它们有什么高下之分,就是有的同学一心想当作家,有的同学一心想读文学专业的研究生,有的同学则纯粹是不愿意学语言,心猿意马的太多,系里怎么也协调不过来,就给了申请转专业的三五个同学一个书单,让考试决胜负。

书单是大一之后的那个暑假发给我们的,包括几种对于大一的学生来说显得有点费琢磨的经典文论和语言学理论,现在我站在一个中文系教师的立场分析,当时的老师们是想将我们一军:不是要学中国文学专业么,这几本都读不下来就免谈吧。

于是过了一个苦读的暑假。整整两个月,每天顶着烈日,抱着一堆天书一样的理论著作到我爸单位去啃,写笔记,打破了头去理解,理解不了还要找更多的参考书来帮助理解。那时候没有互联网啊,一切都靠查书,我爸的单位是个出版社,书比较多,办公室里又有空调,所以就风雨无阻地跟着他上班下班,他工作,我备考。也是功夫不负苦心人,终于在大二开学的考试之后顺利拿到了那个转专业的名额。

心事落定之后,迎来了大二的中秋节。

在复旦,有两个节日的晚上,大家是不读书的,一个是平安夜,另一个便是中秋节。我们读书的时候,每年的中秋节,学校会给每个学生发一个月饼,相辉堂也会放一部电影,但更多的同学还是选择到校内的草坪上看月亮。那天,先是几个女生买了几瓶啤酒,到毛主席像背后的草坪上,就着月光边喝边聊。后来,陆续有走过草坪的同班同学加入——大概都是被皎洁的圆月晃得在宿舍、图书馆、自习室坐不住的——到九点多钟的时候,那一片草坪已经坐了十几个9011er了。最初带来的几瓶啤酒早就喝完,男生们又去小卖部拖来一些。再下去几瓶之后,开始有同学跑出草坪,到靠近理图的小路上摔酒瓶子,哗啷啷,哗啷啷……一直紧绷的头脑被酒放空,话开始多了起来,行为也开始不受理智支配。这时候,福建男孩吴剑锋对我说:"我们家乡,喝酒都要吹喇叭的。你知道吹喇叭吗?"我不知道,冲他摇头。他说:"吹喇叭,就是一瓶酒,一口不歇地灌下去。"哦,懂了,我毫不犹豫地接过他递给我的一瓶啤酒,一口气干掉了。

这真是我在9011班史上的辉煌瞬间,直到现在,老同学见面,还会有人提起:那次你"吹喇叭",大家都看傻了。那时,有一点赌气,有一点轻狂,有一点心愿得偿的踌躇;现在,从一个中年人的视角回首望去,更多的只是"少年不识愁滋味"罢了。

毕业季

读完大三,我滚去南区读研究生,我的同学们大多还在读大四。一年之后,1995年,他们的毕业季来临之时,我就跑回去和他们一起发疯。作为五年同窗,我和他们一起拿毕业文凭;作为赖着不走的同学,我去送别;作为硕士一年生的学长,我去欢迎这一年考上或者直升研究生的学友们。

于是,那些天,我穿梭在南区和东区之间,吃散伙饭,拍毕业照和各种毕业留影,直到曲终人散。

说来其实挺不光彩的,1995届,作为"军三届"的第一届毕业生,用一种特别极端的告别方式给母校留下了难忘的记忆——5号楼,一个超大的宿舍楼,住的是这一届学生里的一多半男生,毕业典礼前夜,整整一栋宿舍楼的玻璃全部被砸碎了!现在,这届学生大多已成为社会骨干了,我不知道别人怎么样,我自己想起这件事,总是一则以愧,一则以感。愧的是五年本科的末尾,纵有千般理由,用这样不堪的方式告别的确太不高明,虽然这事不是我干的,纵是集体行为,我也是这满地碎片之一。感的是自始至终,从学校到辅导员,从毕业典礼到班级的最后几次集聚,一句责备甚至埋怨的话都没有,一切都照常进行,伤痕累累的5号楼等到这一届最后一个毕业生离开之后马上被整修一新。二十年过去了,复旦有多好,真的说不上来,老师有多好,这就是例子。在复旦,老师们就这样惯着一届又一届的学生,等学生们做了老师(比如我),又去这样惯自己的学生。

闹腾一阵,到某一天的24点,必须走人,那一天也就是毕业季的最后一天。那是个星期天,有好几拨同学离开,不走的有的就去火车站送行。我从家里出发,和大家不同路。那年月没有手机,连BP机也没有,不知道大部队在哪里,买了张站台票就愣头愣脑地冲进去了。终于发现早到的同学,他们在一辆平板车上坐着,告诉我谁谁已经走了,接下来轮到谁谁。于是就挨着他们坐下来。没有想象中的泪雨纷飞,但有几个女生已经眼圈红红了。

这时候,一个男生开始唱《闪亮的日子》:"我来唱一首歌,古老的那首歌,我轻轻地唱,你慢慢地和。是否你还记得,过去的梦想,那充满希望,灿烂的岁月。你我为了理想,历尽了艰苦,我们曾经哭泣,也曾共同欢笑。但愿你会记得,永远地记着,我们曾经拥有,闪亮的日子。"站台的大喇叭里,一辆一辆列车招呼发车,一个一个同学跳下平板车,挥手离开。

9011就这么散了。同学中的大多数,二十年来一直有联系,也有几位,从此少年游成江湖行,再也没有见过面。

张　蛰

上　学　记

我小学一二年级读的是复式班,三间开的土墙屋里,前一半是一年级,后一半是二年级。语文、算术老师是同一个人,姓王,高小毕业。

教室没有桌椅板凳。课桌先是用玉米秸做架子糊上掺了麦秸的泥巴凑合,很快坏掉了,接着就换上了长短宽窄不同凹凸不平的木板代替。板凳由学生自己带,家里没板凳的人就找各式样的砖头垫在屁股下。我一直坐砖头。

上学的第一天中午放学回家,我兴奋地在案板前说:"我学北京天安门了!"二哥劈头搧了我一巴掌:"吃饭!"他刚因偷家里的一根白蜡杆做红缨枪挨了顿揍,心情不好。父亲抬头看看他,没吱声,转脸对我说:"好好读书,别学他。"二哥在邻村大队小学读初中,动手打架很行。

王老师教写字从"一、二、三"和"1、2、3"开始,我们趴在泥巴课桌上,用田字格本写,不停地有人举手报告铅笔芯断了。王老师让二年级学生在后面做作业,他在前面帮我们用小刀削铅笔,如果谁连续断了三次,他就会用教鞭敲脑袋,斥骂他们写字别死命摁着铅笔写。

他有一句口头禅:"吃奶的劲儿也用上了?"我心疼铅笔,写断铅的时候不多,但横总写不平,时长时短,起伏弯曲像蚯蚓。教我们写数字,王老师喜欢说:"记住它啊,1像个竖着的扁担,2像个小鸭子,3就是向左开口的耳朵。"我写数字,又快又好,王老师很高兴,宁五就不行了,2是个趴下的鸭子,3写成了向右开口,被王老师揍了一个星期都没改过来。

终于到了教我们1加1,王老师用形象法教学,他提问田鸭子:"一个鸭蛋加一个鸭蛋是几个鸭蛋?"田鸭子非常紧张,腿抖得把屁股下的砖头板凳都碰倒了,抹了一把要过河的鼻涕,终于很艰难地小声说道:"俺家没鸭蛋……"王老师看他半天,说:"那就换西瓜,你偷生产队的西瓜吧?"鸭子点头。"一个西瓜加一个西瓜是几个西瓜?"王老师问。田鸭子答:"两个。""那1加1等于几?"田鸭子愣在那里。王老师告诉鸭子是2,鸭子说记住了。可鸭子实际上没记住,下课的时候,老师又提问田鸭子1加1等于几,结果只有挨揍。1加1这个问题田鸭子三天没学会,在又一次的提问鸭子没过关后,王老师脸都紫了,一教鞭带着风声梆就到了鸭子头上。我眼睁睁地看着他额头上慢慢拱起一个包。抖抖索索的鸭子、风里叱咤威武的鸭子、爬树如履平地的田鸭子,没敢吭一声,一直站到下课。下课的时候,他流着鼻涕,眼泪汪汪地从前排扭过头来,可怜巴巴地看我。我恶心地转过脸去,他哪里知道,那带着风声梆地敲到他额头上的一教鞭,把我也敲尿了。

我严肃地想过要不要再上学的事情,就在田鸭子被揍,我尿了裤子的那天下午。在漫河滩灿烂的黄昏里,我望着无声朝东北方向流去的废黄河水出神，一度有离家出走的念头。但终于没有走掉，我又回到了课堂上，跟着王老师学写字，算萝卜白菜增减的数字游戏。很快，我们都被他揍习惯了，田鸭子最大的变化是在教鞭下泪珠子掉得叭嗒叭嗒响，只要王老师一转身在黑板上写字，他立马回头对着所有的人做鬼脸吐舌头。宁五不知拿他爬树般的敏捷抓挠过多少次他高兴抓挠的男女同学。有一次魏来小杀猪一样地尖叫大哭，原来是有人把屋外梧桐树上的掉包虫丢在她脖子里了，她站起来疯一般地号啕大哭着回家去了。还没下课，来小就被她娘拽着回来了，她娘堵住教室门就昏天黑地狂风骤雨般一通狂骂。我们师生噤声，小心地听她毒毒地恶骂，最后丢下一句断子绝孙的咒语后来小娘扭身走掉。王老师并没生气，他笑呵呵地问："你们谁捣的蛋？"没人承认。我们都被那个疯婆子吓住了。

入学没多久我们就放假了，秋忙开始。再开学，半个月已过。学过的字都忘得差不多了，王老师再重新教过。但紧接着，很快，我们又被他带着出工到棉花大田里帮生产队摘棉花。我们村子一共两个生产队，公平起见，一个生产队摘一天。王老师作动员："劳动最光荣，我们看哪个同学摘得又多又干净！"但宁五很快发现王老师不干活，嘀嘀咕咕对我说："骗驴人哩，老师咋不干？"干了一天，宁五的棉兜里没一斤棉花，王老师也没批评他。放学回家路上，我们一个个东倒西歪。就干了四天，我们又排了队唱着歌去了大队小学，参加批判大会。我们不懂啥翻案风和右倾，但第一次认识了自己的校长，他脸可真黑，念几句话吐一口痰，有一口痰吐得特别远，叭嗒一声落在硬地上。他可能吸烟吸多了。

冬天很快来了,北风尖叫,听起来像王老师一样不高兴。树睡了一觉,叶子就没了。河滩空旷,走兽没了踪影。终于,憋得不行的天吐出来大片的雪花,一夜间天地纯白。黑乌乌的树的枝干突兀地矗在雪地里,村庄与旷野了无生气。我们却高兴,天下雪,不上学,这是规矩。我们恨不得天天下雪,那样会少挨很多揍。天没欺负我们,那两个冬天好像不停地下雪下雪,屋门常常因为夜里雪太大被埋起来,我们最喜欢在大清早听到大人用带着惊叹的口气说:啊呀,又一场大雪!

虽不用上学,但不等于我们能睡懒觉。这样的天气里,我们会被大人从热乎乎的被窝里拽起来,撵出去到村东的野林地里捡树枝,拖回家来放在开春后当柴禾烧。那些大雪,每一场都会压断数不清的树枝。我们有时会集体去,嗷嗷叫地在雪地里爬着走,脸蛋赤红,很快头上就会冒出热气来。有时也会单个去,每一步都听着雪咯咯吱吱地被踩下去,直没了大腿,费劲地拔出来,再踩。

春天还是来了,我们又天天去了学校。春天最大的不同在我看来有梧桐花,教室前面有几百棵梧桐树,花一开挤人脑门子的臭香。我很喜欢,一下课就在梧桐树下和宁五他们玩人刀剁蚂蚱。几十个脏兮兮的孩子在梧桐花里尖着嗓子游戏奔跑,多么快乐。我喜欢春天的又一个理由,是早上太阳的光线透过教室的木窗能落到我面前,我只要轻轻吹口气,那束光线里就有无数上下翻腾的小东西,跟着那些翻滚的小东西,我能想到太多好玩的事情。有一次在梧桐树下,宁五捣我膀子,让我看那边,那边的梧桐树下,魏来小正露着两颗大门牙狂笑。我问宁五干嘛,宁五说:"你不觉得魏来小很好看吗?"我立马想到来小她娘堵在教室门口上下翻飞的嘴唇,两颗大牙看起来锋利无比,就对宁五说:"你不怕她娘?"那天早上,在光线里,在翻腾的尘埃里,我想东想西就想到了梧桐树下与宁五的对话,不觉笑出声来。笑声一出来我就后悔万分,前面的脑袋全部唰地转过来,你知道,王老师已经拿着教鞭奔过来了。

  如今再回不到那个时空里。许多时候,就像现在,我也会想起一些时光碎片,比如大雪,比如斑驳的黑板和泥糊的课桌,晨阳里的万马奔腾,满地的梧桐花,还有细瘦的宁五和天天鼻涕过河的田鸭子。一想起这些,我就想起我们曾经的胆小如鼠和胆大包天,还有今天的孩子再无法拥有的那种自由。

舒飞廉

漫步在故乡的星空之下

去年国庆长假的第二天,重阳节,我带儿子回村里住了一晚。妻子留在孝感打羽毛球,儿子用由他姑姑家取来的钥匙,打开老家大门上锈迹斑斑的铁锁的一刻,也衷心佩服他老妈的英明神武——将清明节之后,大半年没有沾染人气的房子,收拾成为干净明亮的"农家乐","把诅咒变成葡萄园",恐怕得拿出唐僧扫塔的精神。

扫塔就扫塔,唐僧有悟空帮忙掌灯,我也有沧海同学去压水井里提水不是?由一楼到三楼,用完扫把用拖把,用完拖把用抹布,用掉了沧海由聋子婆婆家的井里打来的十几桶水,洗萝卜一般,由灰堆里救出桌椅板凳、锅碗瓢盆。沧海同学刚要点赞,又被灯下的蠓虫、撞脸的蚊雷和白墙上神出鬼没的大蜘蛛吓得飞奔(这个悟空有点逊),好在我早已在后备箱里放好两罐"枪手",取来将杀虫剂又由三楼喷到一楼(这个唐僧也不太慈悲),这才算"驱散妖雾乾坤净,换来晴空月儿明"。眼看着一下午过去,红日西沉,晚霞烧到澴河堤上,沧海同学已经能够"啪"的一声,拉开二十年前我姐夫在东莞打工时寄给我的老台灯,在窗下写作业。我下楼淘米做饭去讫。

妹妹家种的早稻挏作饭，香，肖港镇卤牛肉也滋味非凡，何况睡柜里还有数年前我送给父亲，父亲未及喝完的白云边九年陈——现在也自动刷新成十五年陈了吧！酒足饭饱，我提议沧海且放作业一马，去村里与田野上散步，他犹豫片刻，答应了。掩上门，父子俩往村巷里走。因为装上了太阳能的电灯，村巷里不再是乌漆麻黑，但几盏明亮的路灯下，也见不到什么人。这要是放在一二十年前，会有多少孩子飞快地扒饭，扔下碗筷涌出来，"伢们的，出来玩，莫在家里打脾寒！"念咒般去呼朋唤侣，玩那些花样无穷的"线下"游戏。走到村子的最南边，才看到几位嫂子，在门前空地上，听着录音机里的歌，扭捏在一起学跳广场舞，大妈党的威力真的是无远弗届，有井水处就有凤凰传奇。

谢绝了大嫂们约跳广场舞的邀请，我们走到村外，夜凉如水，星月交辉，初九的月亮轻熟，像一块孝感麻糖贴在群星中间，稻田、棉田与菜园交互的作物的气味扑面而来，一如往昔。村北的大路灰白地浮现在草木中，向西是澴河堤，向东是小澴河堤。我领着沧海往东走，穿过已经废圮的小学校，十几个灯火点点的村庄与连接着村庄的田野展现在我们面前。沧海仰着脸往天上看，激动得要命，说是平生第二次看到星空。第一次还是几年前，我们去衡山，投宿山间的"农家乐"，晚饭后走出来，看到群山上繁星如雨。

"星星是穷人的钻石"，这话说得真不错，我们这些由乡下长成的人，的确看过太多美丽的银河，春天起早床随父母去金神庙赶集，夏天在稻场上乘凉，秋天一家人割稻回来晚了，冬天由被窝里爬起来去屋外小便，一抬头，就会看到澄澈的银河，浩渺无际，悬挂在我们的头顶上。特别是伏夏里,我们将竹床搬到萤光飞舞的池塘边上,去迎候由枫杨树间吹来的东南风,等到天地回凉,清露滴响,才会移到家里的蚊帐里入睡,之前小半夜,都是躺在星空之下,看着西边的田畈上红霍闪闪,天上流星乍现。有时候爷爷会说点故事给我们听,他还会念一首童谣:"月亮弯弯一只船,梭罗树来做桅杆。"不知道梭罗树到底是什么古怪的树,这时候,万物在田园里生长,钻石般的星星挂在天上,我们也并没有觉得自己是一窝子"穷人"啊!

那时候我已经在村西的何砦中学念初中,一个普通的乡校,供附近的农家子弟读一点"种田书"的地方,我却像被闪电劈到似的,成绩格外好。小学教过我语文的郑金芳老师,特别送了几壶煤油给我。我父亲专门骑车去肖港镇买回来煤油罩灯。每天吃完晚饭,家里人洗了睡,外面的小伙伴也落了屋,只剩下被诅咒要"打脾寒"的我,一个人,点着灯在堂屋的八仙桌上背书,做作业,读由镇上新华书店买回来的《少年文艺》,从春倌家借来的《西游记》。《西游记》的前几回已经被撕去做了厕纸,化生在田垄间,我只好由"我佛造经传极乐,观音奉旨上长安"看起,大闹天宫有待后来我去华中师范大学的图书馆里补课……读书累了,举着煤油灯去灶屋倒水喝,夏天里舀水缸里的凉水,冬天倒开水瓶里母亲准备好的热水,灶台上的蟑螂成群结队,往来如风,跟宫崎骏《龙猫》里的煤煤虫似的,将开水浇上去,就会翻倒一片——那时候,我就已经是一个不太慈悲的少年了。蟑螂的学名又叫蜚蠊,所以后来陈村老师叫我小强,将我与侯小强同学扯到一起晒,实在是天理昭昭,罪有应得。我喝完水,举着灯,由灶前的窗口向外看,房前常常是月明星稀,朗朗月色,将榆树、苦楝、臭椿的树影照下来,就像苏轼写的,"庭下如积水空明,水中藻荇交横"。

有一个同学,是隔壁魏家河村的,名字叫魏伟。我们交情好,就是那种在人生道路的开端,遇到的同路少年。夏秋月夜,他会跑过我们村南的棉花地,跑进村巷,站在我家的灶屋前敲窗子,寻我这个"张怀民"。一路穿过田野,没有"山空松子落",但他会听到被虫子咬掉的小棉桃,扑扑掉到田埂上的声响吧。"未眠"的"幽人"如我辈,听到他敲窗子,会扑地吹灭煤油灯,拉开门闩,陪他一起跑步,对,就是跑步咏凉天。

由我们村向西,在一条河港前折转向北,路边是连绵到澴河堤的稻田,秋季稻正在扬穗灌浆,稻花香里,青蛙打鼓,蟋蟀练琴。我们踩着灰土路,避让路上镜片一样的小水洼,端着由体育老师那里学来的架式,你追我赶,一直跑到三四里之外的匡埠村,看得见蔡家河上祖坟地麻麻的碑影,才调转头,吁吁喘气往回走,一身热汗啪啪掉进路面的浮土里。我们头顶上,是家乡的星空,亘古,深远,盛大,与坟地里平躺的祖先们互相守望。那些星星还闪烁在我的记忆中,魏伟与我谈论的人生理想,却已经模糊。我有一点印象的是,那时候的《少年文艺》,正在连载一篇小说,讲一个城里女孩子借读到乡下的初中,与班长产生了一点未必说得上是初恋的情愫,他们最出格的事情,是相约着晚上出来捉泥鳅。我还记得那个当班长的乡村少年名字叫张志豪。魏伟大步流星走在月光地里,身边就是波光粼粼的河港,他说他自己就是张志豪。我心里酸酸的。

这是三十年前了,魏伟同学现在也跟我一样,长进成为新一代的大叔,在孝感市的一所中学教书,也如愿以偿地找了一位城里姑娘做老婆。虽然还未到"应该燃烧并对着日暮呼喊"的老年,他也会记得这些与我一道,曾经跑进的故乡的"温柔的良夜"吧,毕竟他就是由这些良夜发愿,要找个城里姑娘一起捉泥鳅的。

我与沧海散步的方向,与当年跑步的路线正好相反,是向东往金神庙集去的田间路。路边有一片桃林,桃林之上,是小澴河堤,堤坡上长满了杉木,堤下与田园接壤,一线都是累累的坟堆。我知道,当年送我煤油的郑金芳老师,十余年前去世,也安息在河堤之下。桃林里有一座小屋,住着人,门窗间隐隐透出来灯光。屋外的院子里,拴着一条狗,黑暗中,看不见它的眉目,只听得到它不间断的狂吠,由它的吠叫里,大概可以判断出来,是一只了不起的中华田园犬……刚开始的时候,我还以为它是闻见了我与沧海这样生番的气味,在践行它的职责。沧海战战兢兢,我也是如履薄冰,在畏狗如虎这一点上,父与子不分伯仲。后来我听出不对,这只狗每吠叫一声,就会由西边二三公里之外的澴河堤上返回回声,听起来,就好像是在那边的村子里,也有一只狗,在应和它似的。平原之上,有商有量。这条田园犬,分明是求其友声,乐在其中,它的夜晚,再也不会寂寞了。又蠢又萌的狗啊,你有一位伟大的朋友,它的名字叫虚无……

我们爬上小澴河堤,看着小澴河在月光下流淌,河边是一排梨树。在我的记忆里,小澴河是深的,堤是高大的,路是宽阔的,杉木如聚,就像童话中小红帽提着裙子小心翼翼地走过的森林一般。那天晚上,我却有一点异样的感觉,觉得这些似曾相识的景象,都变得比从前要小,好像微缩在一张邮票上面,被满天的星光映照。沧海同学可不管我这些蠢萌蠢萌的想法,他散步在平生的第二次星空之下,初三学生,"作业狗",妈妈的乖乖仔,情不自禁地想起他未竟的作业。往回走,狗吠声声,我们的村子展现眼前。路上藜蒿如箭,马鞭草由路两边向中央爬,已被夜露濡湿。我忽然想起鲁迅《故乡》结尾的那句话,他说"其实地上本没有路,走的人多了,也便成了路",这条星月下的故乡路,从此后,走的人,会越来越少,终究会掩没在神荒里,重新变回没有路吧!

黄德海

受　耻

每次过年回家，我总是先站在门楼前，望一眼那家人的房子。多少年了，整个村子都盖起了红砖红瓦的新房，只有那家的房子还是泥坯草顶。风刮雨淋，抹平的泥剥蚀进去，里面的泥坯支支楞楞地露出来，仿佛随时会塌。

我记事的时候，这家的男人腰已经弯得厉害，后来见到他，简直头都要弯到身体的一半了。据说他年轻时在生产队很风光，打了粮食装麻袋，一百五十多斤，他经常两条两条地扛。有一年他牵牛犁地，牛被他打得犯了犟，四蹄腾空，眼看就要撒野，他居然拽着缰绳，硬生生把牛给拉趴下了。他后来腰弯得厉害，大概跟年轻时不知惜力，累伤了腰有关。

这家的女人高高瘦瘦，衣服常年耷拉在身上，走路拖拖沓沓。脾气大，人却很大方，不管家里怎样困窘，只要别人送去礼物，她必定双倍奉还。有一阵查出得了恶疾，没钱治，她就拜神吃草药，竟也从此不再恶化，不过人更显得病恹恹的。

老俩口没有生育子女，有人把自己的第四胎女儿丢在他家房后，他们捡回家,草坯房里才有了孩子的哭声。孩子给这个家带来了很长时间的活力,但这活力也随着孩子长大慢慢消失了。孩子要上学,而上学是要学费的,这对他们夫妇来说绝非易事。勉强上完小学,孩子就退学回家,帮着驼背父亲干活。那些年,夕阳西下的时候,经常看到一个黑黑小小的女孩牵着庞大的牛走在路上,佝偻着腰的父亲在后面一探一探地跟着。

父亲越来越干不动农活了,却每天喝酒,喝醉了就和老婆吵架,经常被老婆挠得脸上一道一道。第二天出门来,有些地方结了痂,有些地方还看得到血印,伤口上渗出油黄的颜色,见了人,就讪讪地笑。大概女孩十六七岁的时候,家里的日子眼看着过不下去了,只好狠下心,让孩子到城里打工。

有次回家,我偶然见到了那个女孩。头发焗了油,干干黄黄的,脸上化了浓妆,红红白白到不像真的。说话也字正腔圆,乍听还以为是新闻联播的播音员。后来听人说,这个孩子现在发廊工作,学的是城里人的做派。

有一年,这女人到我家来找母亲说话。她说她问闺女,以后会不会给他俩养老送终。女儿似真似假地说,不。女人很伤心,说,这是拿实话哄人啊。年三十晚上,女孩的电话打到我家里,叫她妈来接,说她跟男朋友去南方度假,过年不回来了。那女人听了,就在我家里艾艾地哭,唠唠叨叨地讲,前年在东北,去年在新疆,今年又去了南方,这是不要我们俩了啊。

如果不是后来有人喊她去叫魂,那天晚上她会一直哭下去吧。听到有人叫,她很快擦干眼泪,跟着来人去了。

她是乡村里那种稍微特殊的女人。这种特殊女人有一项奇特的本领，或者会治疗眼疾，或者是叫魂，或者是安魂，如此等等。麦芒或风沙吹进人眼睛，她们把眼皮翻开，对着吹几下，然后嘴里念念有词地嘀咕上一会儿，眼睛便恢复如初。小孩受了惊吓，打哆嗦或发烧，她们放一张旧邮票在小孩身上，念念叨叨折腾一阵，小孩子几乎立刻就可以下地疯跑。或者有人无端腿痛胳膊痛，家乡人会觉得是不知哪个过世的亲友在促狭，督促人们在平静的生活中想起他们。她们会帮着找到是谁在恶作剧，然后对着他们去世时的方向烧几张纸，祷告几声，有时还用上驱赶的语言，病偶尔也能霍然而退。

大约十一二岁的时候，我生了一场奇怪的病。每到下午，就开始发烧，打上退烧针，便难受得更加厉害，有时候会在床上滚来滚去。如此持续了十几天，人就没了精神，眼神看东西都是散的。见惯世事的奶奶伤心地说，这孩子的命怕是保不住了。无奈之下，母亲就带我到这个女人家里去看。那次的怪病，最终被确认为掉了魂，那女人教了母亲一个办法，我约略记得是把桃枝和一双旧鞋压到枕头底下，然后往某个方向烧香之类。如此这般，我睡了一觉，第二天，病居然真的好了。

我不知道这些奇奇怪怪的事怎么解释，问她，她也说不出个所以然，只说她们这行都有自己的师父，不是祖祖辈辈传下来，就是在稀奇古怪的场合有人教的。学会本领的同时，还附带一些特别的要求，比如，她们都要受耻。

这些人，大概是因为泄露了天地的秘密吧，到过年时节，鬼神齐集的时候，要在鬼神面前忏悔自己泄露天机的罪，她们称作受耻。一年来对人的善意,要在大年夜里让鬼神把罪降到她们的身上,用受耻的方式,弥补鬼神惩罚不能落实的失望。

　　前年回家,再看一眼她家的草房,终于换成了红砖的,只是比相邻的矮和窄很多。三十晚上下雪,我和父亲半夜出去拜年的时候,看到那个女人站在大街正中,面冲北,垂着眼,笔直站着,嘴里念着些什么。父亲小声告诉我,这就是受耻。

　　拜年回来的时候,雪下得纷纷扬扬。女人还瑟缩地站在那里,落雪积起来,把她的双脚盖没了。

李 娟

回 家
——遥远的向日葵地之六

我回家了。我从乌鲁木齐坐夜班车到镇上,再从镇上坐中巴车到永红公社。"永红公社",一听这名字就知道此处已被现实世界抛弃多年。

同车有个人第一次去到那里,一路上不停感慨:"怎么这么远?……怎么还没到?……怎么一路上都没有一棵树?……"略带惊惶。我暗想他有着怎样的命运。同车的人深深沉默,只有司机耐心地安抚他:"走了一多半了……再有一个小时就到了……这里河边才有树……"

中巴车在公路上漂泊,公路在戈壁中起伏。我疲惫不堪。那人还在旁边惊叹:"老辈子人咋想的?最早咋跑到这里来?这种地方咋过日子?"……像是多年前的自己。我强烈地熟悉车窗外的情景,虽然我也是第一次走这条路,第一次去那个地方。

到地方了。在中巴车停靠的地方,我妈等待已经很久。她的摩托车停在一家菜店门口,后座上已经绑了一堆东西。她说:"要不要逛逛?"我朝东边看看,又扭头朝西边看看。这个永红公社,只有一条马路,只有两排店面。我说:"算了。"我妈说:"那咱赶紧回家吧。赛虎一个人在家。"我挤进她和那堆菜蔬粮油之间,摩托车发动,我们猛地冲了出去。很快把这个小小的镇子甩向身后的荒野深处。

一路上她不停夸耀自己的车技:"看到前面那两个小坑没有?中间就一乍宽。看好了啊——看!过去了吧?……你知道哪儿有摩托车比赛的?咱不跟人比快慢,咱就比技术!不信你看,前面那块小石头,看到没有?……这技术!……"

这是我第一次坐她驾驶的摩托。大约是刚买的新车,上次回家没有看到。不过上次回家是什么时候?上一次那个家在哪里?

大约十公里后,摩托车下了柏油路的路基,驶上一条延伸进南面荒野的土路。又过了一条宽阔的排碱渠后,开始爬一段陡坡。她停下,扭头说:"你先下去,自己从那边抄近道。"

我啧啧:"这技术!"

登上这段陡坡顶端,视野突然空了。戈壁茫茫,天空一蓝到底。回头居高临下俯瞰整面河谷,乌伦古寂静西逝,两岸丛林单薄而坚定。突然想起不久前那同车的异乡人。若此刻他也在此地俯瞰,就会明白老辈人的心意吧……

这条野道尘土飞扬,几公里后,开始有远远近近的田野一片接一片涌进视野。和乌伦古河谷的绿意不同,田野的绿如同离地三尺一般飘浮着。辽阔,缠绵,又梦幻。我们的摩托车在天地间唯一的道路上飞驰,那片绿色是唯一的港湾。

土路越走越窄,经过几个岔路口后,便只剩不到一尺宽。仅仅只是路的痕迹而已,只是这坚实大地上的一道划痕。

我妈说:"这条路是我的。"

又说:"本来这里没路,我天天骑车打水,来来回回抄近道,就走出了一条路。看,直吧?……这条路只有我一个人在使用。"

路的尽头就是我家的葵花地。葵花已有半人高。没有风,田野静得像封在旧照片里。远远地,我一眼看到了田边空地上的蒙古包。我妈说:"到家了。"

大狗丑丑飞奔着前来迎接,向摩托车前轮猛扑,似乎想要拥抱我妈。我妈大斥:"不要命了?!"连连减速。

这是我第一次见到丑丑。我妈骄傲地介绍:"我的狗,大吧?丑丑,这是你娟姐,快叫姐姐!"丑丑闻了一下我的鞋子,犹豫了两秒钟便接受了我。

这时,我听到了赛虎的声音……似乎突然从漫漫长夜中醒来,这声音揭开我对"家"这种事物的全面记忆。像是之前一直没完没了地在以各种各样的钥匙开锁,突然试中唯一正确的那把,锁开了。

锁开了,铁皮门刚拉开一道缝赛虎就挤了出来。直扑过来,激动得快要哭泣一般。我蹲下来拥抱它。抬起头一眼认出床板上的旧花毡,接下来又认出床前漆面斑驳的天蓝色圆矮桌,认出桌上一只绿色的搪瓷盆。没错,这是我的家。又记起之前有过好几次,和此时一样,独自去向一个陌生的地方,找到一座陌生的院落。和此时一样,若不是我的赛虎,若不是几样旧物,我根本不知那些地方与我有什么关系。

我妈急着拆解车上的包裹,她一面在包里翻找一面和丑丑过招。

后者似乎有了预感,兴奋又焦躁,扯着她的胳膊不放。果然,我妈最后取出了两根火腿肠。

分完礼物,我妈又赶紧去放鸡。我尾随而去,又认出鸡笼上几块涂着蓝漆的木板。多年前它们曾是我家商店柜台的一部分。长长舒了一口气,感到这个家已经在心里悄然生根。我问我妈柴在哪里,然后劈柴升火,烧水做饭。

辑二

胡晓明

我的古籍电子书阅读小史

时间真是杀猪刀。从施教授那天早晨与我交谈算起,我与古籍电子书结缘,也有二十三年了。

1992年夏天某日,我留校不久,系里派我接待加拿大温哥华哥伦比亚大学年轻的教授,施吉瑞(Jerry Schmidt)先生。施教授碧眼金发,高大帅气,走在校园阳光斑驳的梧桐林荫大道上,他除了跟我谈他的老师叶嘉莹,就是力劝我组织人力做古籍的数据录入。"只有大陆可以做这个事情,因为你们的劳动力便宜。"他讲了一个故事:有一天他从温哥华驱车到美国的西雅图,去华盛顿大学查《二十四史》中的一个"冠"字,只需几秒钟,所有的"冠"字一下子就找出来了。原来,那里有一台计算机,可以全文检索《二十四史》等古籍,而且全部是自助免费的。

我当时听了这故事,惊喜莫名。惊的是,通读过二十四史的人,我心目中只有钱锺书先生和我们学校的吕思勉先生,但是他们都不可能烂熟到有如此强大的检索能力。喜的是,那时我正在迷醉于《管锥编》,给《文汇读书周报》每月撰写文史小品,搜尽枯肠。我马上幻想我也能有一点点钱锺书的口气了。

第二年,中国古代文学理论学会在内蒙古呼和浩特开年会,我大会发言,转述了施吉瑞讲的那个关于《二十四史》中"冠"的故事,呼吁学界投入,尽快做中国文论的电子数据化。

当然,还没有等到我们利用"劳动力便宜"的学生,商家与聪明的社会,就已经搞出了好东西。

1999年秋天,到北京开一个会,住在一个有点破旧暗淡的宾馆里。有一天却突然眼前一亮,来了一个叫尹小林的四川人,小矮个子,却奇迹般地给我们展示了他的一个古籍数据库,《全唐诗》《十三经》《二十四史》《文心雕龙》……嚯,四亿字的古籍,几秒钟的功夫,可以检索到任何一个字词。那金发碧眼、高大帅气的施吉瑞教授,还得花上两三个小时驱车往返温哥华至西雅图的高速公路,而我们只需坐在手提电脑旁,轻叩玉指,就可以完成钱锺书、吕思勉这样的学者,至少是前期的工作!

我从尹小林的电脑上起身,深深吸了一口气,一个学习与研究的革命时代,已经到来。

当然,我成了那套系统编号的第一个用户。当时的心情,就像武侠书里一个落难书生,忽然在一个山洞里发现一本多年来寻找的武林秘籍,心中欣快,难以言宣。所以,尹小林当时说:"这个数据库还缺一个名字,大家帮我想想。"我脱口而出:

"国学宝典!"

从此,《国学宝典》叫响了,成为古典文学研究界风靡一时、洛阳"纸"贵的"秘籍"(很多人使用它,却秘而不宣)。《国学宝典》以其多

重要的时刻总是那么软弱　　68

个第一：第一次有标点的电子古籍，第一次以四库分类法组织的数据库，第一次具有多条件组合检索强大功能的数据库，第一次……称霸业界，不仅堂皇进入一些大牛学者的书房或手提电脑，而且进入各大图书馆，尤其是后来小林如孙行者西游，缩千钧之重的定海神针为绣花针，携赴北美巡回展览加展销，进入哈佛、耶鲁、普林斯顿等名庠大馆，全世界"有古籍处皆说宝典"，用记者的话来说，实现了"中国文化走出去"的经典一步！

接下去古籍电子书进入群雄争霸的时代，就不是我要说的了。

再回到题目，我的古籍电子书阅读史，重峦叠嶂，说来辞费，这里只讲文史学者有共同兴趣的话题：古籍电子书（也不止于古籍）哪些方面改变了我们的阅读生态？

首先是视力急剧下降。二十载对屏读写，视茫茫而发苍苍，摧残眼睛，莫此为甚。电子书的流行，将牺牲几代人的眼健康而为代价。

其次是读书方式的变化。先师王元化先生反复强调的读书要诀："沉潜往复，从容含玩"，实乃古典主义的读书法。而朱子说的"沦肌浃髓，有益身心"，读书要有真实的受用，以及司马迁说的"想见其为人"，要在每一本书的背后，发现一个活生生的人格，在电子书的时代，变成非常奢侈，或已成为一种"文化遗民"式的流风遗韵而渐渐消亡，醒目一点说是人类阅读史上"三千年未有之巨变"，也是可以成立的。

第三是书的"灵晕"消失。每一本书都有其特有的生命气息，它的大小、厚薄、轻重、气味、颜色、光泽、封面、年代、用纸、字型，以及手感（呵呵，什么叫手感？），书与书之间的特殊微妙的关系，甚至一种说不清道不明的气场：在海外某一个旧书店地下室的角落，或美国某小镇的旧货店，或巴黎塞纳河畔黄昏时的书摊，或香港旺角二楼的狭窄小屋，我多次激动难安地陶醉于某一本书的特有气场：那种击穿人心的交流，那种似乎是专门等了你多年的相约与心许，电子书永远不可能有了。在屏幕上，所有的电子书都是没有气息的。记得有一年冬天一个安静的早晨，我参观上海博物馆的宋人书画展，窗外是雪花飘飞，忽然我面对陆游的一帧书札，怦然心动，屏息之间，似乎真感觉到千年前古人轻微的呼吸！而再看周边同样的文字的印刷物，视线居然有打在钢板上又弹回来的感觉！噫，西哲本雅明说得对，机器复制时代之后，万物都失去了已有的"灵晕"。电子书拉平所有的书的个性，消灭所有的书的气息，它莫名其妙地抹去了时间流逝与感性体验对于书的烙印，从而成功地摘除了世界的"梦幻之眼"。

话又说回来，我毕竟是一个得到过古籍电子书好处的人，不说一下这个方面，心有未安。

2010年去美国访问之前，尹小林专门从北京至上海，为我安装了单机版《国学宝典》(谁叫我是他的第一号用户呢)。这样，加上当时已经流行的《四库全书》《四部丛刊》等电子版，我也像孙悟空收起金箍棒一样，藏万卷于无物，却在飞机上、火车上，乡间小旅店里，摊开几千万册古籍恣意翻阅，在虚拟的世界里，我将经济舱与火车硬座，生生地变成了图书馆。

又有一回，开一个论证会，需要某一个古籍方面的数据，我居然在开会发言的间隙，在电脑上查了《国学宝典》，轻易取得一个关键的材料，暂时变成博学而又有急智的讨论人。而平时在家读书写作，书房、客厅、卧室、阳台,到处堆得很乱,要想找一本书,上穷碧落,头昏眼花,费时甚多,还常常了无所获。现在电子版打开,连"唾手"都不用,即可得到。而网上各种工具书,更是搬动词典的力气都可以节省了。

试想将来戴一眼镜、一手表或一头盔,所有的工具书、资料书甚至理论模式与论述框架,全都贮于穿戴之中,眨两下左眼,就调出《四部丛刊》,眨两下右眼,就调出《古今图书集成》,博学如钱锺书、饶宗颐,真乃稀松平常之事也!

台湾清华大学的黄一农教授发明了E考据,风靡学界,的确解决了传统考据所不能解决的问题。而我正试图发明一种E诗学。譬如,孔子的川上之叹,如何进入诗歌,产生七种以上的用法?而宋玉的神女,又神秘又务实,又华丽又深邃,又灵魂又肉身,如何又转身而成为现代电影史上的经典?而长江、黄河、泰山、长城,如何人所周知,成为中国文化的经典意象,又有鲜为今人所知的一面,尤其是长城,孟姜女哭倒的长城意象,黑暗深重,而唐人边塞将士的高高秋月照长城,又冷寂又温婉……伍子胥的纠结,严子陵的固执,王子猷的任性,虞姬的牺牲与杨贵妃的宛转……千年时光隧道中无数的精神碎片,失魂落魄、花果飘零,然而经电子数据之妙手回春,精神重振,形象一新,如同服用了"返魂香"的佳人,重新而回到我们今天的生活中。这在过去,没有电子古籍及其大规模检索手段的相助,是完全不可能的事情。

正如纸本书的背后有人,电子书的背后,也有精彩的人。篇幅所限,我这里只讲陆浑戎先生。陆先生网上奇人,其微博自我介绍是:

"高校教师、学术资源控；开放获取数据库、免费在线资源；古籍、地图、老照片；海外汉学、中外交通史、数字人文、传播学……"两周前，其主页宣称七百万人正在使用他的微博，而今天我打开，已经刷新为："超过800万人正在使用。"他根本不必由我这里来表彰。每天都有全中国乃至世界上的电子书爱好者自动到他的网页上报到，每天都会有源源不绝的新资源新链接新信息在他的微博上发布。你甚至可以看到一些读书界、文化界大名人的名字。我最初以为"陆浑戎"是一团队，后来与他联系，才知道确实是一个人。以"一人敌一国"，好多名校大研究机构或商家，都做不到的事情，他做到了：一是海量的学术资源，如观江海之深、山川之广，天下百官之美富；一是开放获取，完全免费，毫无半点私利。他既是电子书的教父，又是网络界的雷锋；既是循循善诱苦口婆心有问必答的好导师，又是神龙见首不见尾的隐秘大宗师；既是独行僧，又是采花贼、伏地魔……跟着他可以潜往穿行于世界上最好的图书馆。类似这样的奇人奇事，每天都在发生。

哦！电子书！亲寇相循，爱恨情仇，写完《我的图书馆漂流小史》，一个充满悬念的奇侠主角其实已经呼之欲出，不得不写下新的篇幅了。我等文化遗民，被时代潮流裹挟着由印刷时代进入电子时代，不过只是大潮流边缘上的记录者。此事的功过与利害、摧破与创意，以及后续的大变化，殊难逆料，就此打住。

张奠宙

奥数三问

历年的中学生国际奥林匹克数学竞赛,中国屡获总分第一,国人并不怎样关注。今年美国夺得冠军,中国屈居第二反倒成了新闻。几天来,友人就此交换意见,发出了三问。

第一问是"打倒万恶的奥数"对不对?

这几年,奥数平遭不白之冤。中学生参加的国际奥数竞赛活动是一项激烈的智力角逐,活动公平透明,远离功利主义,冰清玉洁,声誉极高。作为英才教育的一部分,为当今世界各国所重视。事实上,想拿一块奥数金牌谈何容易?参与的选手非得有坚实的数学基础,并具有一点数学天分不可。国际奥赛金牌获得者,日后走向世界数学巅峰的例子不胜枚举。近年来,澳大利亚华裔的陶哲轩(2006),越南的吴宝珠(2010)先后获得世界数学最高奖——菲尔兹奖,他们在少年时代都是国际数学奥赛中的强者。因此,培育中学生奥赛金牌获得者,就是为数学及相关学科提供国家队的人才后备军。笼统地"打倒万恶的奥数",是自毁人才长城,不足为训。奥数是打不倒的。那种违反儿童天性充满铜臭味的"奥数班"才是要打倒的。

第二问是为何东亚诸国的数学奥赛成绩特别好？

今年数学奥赛总分的前十名里，除中国外还有韩国、朝鲜、越南、新加坡四个东亚国家（日本名列第22位，有些失常），占半壁江山。仔细分析，这四个东亚国家又都曾在汉字文化圈里，受过中华文化的影响。另外，华裔学生在海外的数学成绩高于其他族群，更是不争的事实。就以美国每年派出的奥林匹克数学竞赛选手来说，每年几乎都有华裔。今年仅有一个半华裔（另外有一个半印度裔，三名白人），算是比较少的一届。在我的朋友圈里，大家都在想：中国传统文化是否对学习西方数学有某种内在的驱动作用呢？聊天室里七嘴八舌试图给出肯定的答案。首先是望子成龙的家庭教育，中华文化影响下的孩子往往能受到比较好的教育，家族鼓励在数学上努力，以争取光宗耀祖。其次是，勤劳耕作背景下的"苦读"精神。"教不严，师之惰"，学生的学习要不怕难，因而能明知数学之难而坚决前进。最后，还得益于个人奋斗的科举情结。汉字文化圈的国家，多有参加科举的历史。我在河内孔庙里，就看到一片碑林，其中每一块都是得中进士的记录。这些潜在的文化因子，应该说多多少少会有一些影响。

第三问则更具学术性：奥赛考的数学全然秉承古希腊以来的欧洲传统，中国的中学生为什么能多年雄踞国际数学奥赛的冠军队宝座呢？西方数学文化和中国传统文化，在文化内涵上是不是有一些共同性呢？

这一问题很难回答。不过，聊天室里还是传来一些声音。

一个回答归诸于"抽象"。西方数学的一个重要特征是抽象。中华文化的典籍中的核心概念同样十分抽象。儒家的

"仁""义""礼",道家的"道",还有阴阳、五行,都抽象得很。相对于西方的文化典籍《圣经》,其中呈现的都是一个个的具体的历史故事。所以相对地说,中国孩子不怕抽象,因而有利于学习数学。这一说法比较牵强,却也不能说毫无道理。

另一个答案归诸"考据文化"。清代以戴震为代表的考据大家差不多都是数学家。数学以逻辑严谨著称,考据学则以治学严谨为宗。如果说,儒家学说从宏观上看是一个演绎系统,考据学派则把儒家文化体系在微观上进一步演绎化,逻辑化。这种重证据,讲逻辑,实事求是的学术精神和方法,正是考据学派能够通向现代科学,特别是数学的桥梁。梁启超在《清代学术概论》这样说过:"自清代考据学派二百年之训练,成为一种遗传。我国学子之头脑渐趋于冷静缜密。此种性质实为科学成立之基本要素。我国对于形的科学(数理),渊源本远。用其遗传上极优粹之科学头脑,将来必可成为全世界第一等之科学国民。"我们不妨认为,这种"遗传"基因,直到今天依然存在,当然也包括参加数学奥赛。

聊天百无禁忌,仅供谈助而已。若有一点学术价值,则万幸。

话说回来,奥赛成绩固然应该珍视,却也不该过于追捧,以致将获胜者"捧杀"。事实上,奥林匹克数学竞赛的试题无论怎样难,你给出的答案也不过是"把别人已经做过的问题重做一遍而已",离开独自的创新还有相当的距离。从国家英才的后备军要成为正规军,还有一段艰难的路要走。粗粗算来,我国获得国际数学奥赛金牌的中学生已有近百人之数,却还没有出现陶哲轩、吴宝珠这样的数学名家。对比之下当知我们应努力之所在了。

曹 雷

谈谈影视剧里的方言

最近，我参加国产动画片《黑猫警长之翡翠之星》沪语版的配音，用上海浦东话为片中那小猪牟三嘟的妈妈配音。那天去参加首映式，发现对于方言版，观众反响很热烈，都很喜欢。还有很多朋友来问我是不是上海本地人？在哪里学的浦东话？我只能老实交代我这是过去多次在上海郊县参加劳动，体验生活，向农村老乡学的。因为我发现学了老乡的语言，容易与他们打成一片，他们也很快会把你当成自家人。

抗战时期，我出生在江西，虽然父母不说江西话，但是受周围环境影响，我还是学了一口江西"老表"的话。抗战胜利后，随父母来到上海，五岁就进了上海的小学。班上同学大都是从大后方——四川的各地来到上海，他们之间都用川话交谈，我虽勉强有点听得懂，却很难参与进去，上海话更是听不懂，连跳个绳、踢个毽子，数起来"念一，念尼，念赛，念思（廿一、廿二、廿三、廿四）……"我都不知所云。我这个"小老表"感到很是孤立。当时，在我很幼稚的心中，就渴望有一种大家都懂也都会的语言，可以和同学无障碍地交流。所以当学校提倡"国语"

（也就是现在说的"普通话"）时，我是学得很努力的。

　　我一生中都在很努力地学着语言，尽管我生活中的语言环境并不好。家中长辈说着带各自家乡方言口音的上海话；中学时，学校的老师也都带着家乡口音来上课。因为语文课曾换过老师，所以我既能跟着老师用山东口音，也能用苏北口音背诵诗经《伐檀》，却不会用普通话来念。好在我的班主任老师是燕京大学毕业的，但她只教我们外语，当她不说外语时，我就悄悄地模仿着她的北京口音。我当时并不知道自己一生将从事配音艺术，但深知语言在人们交流时的重要。

　　后来我因为工作，到了祖国的山南海北，接触到了各地的方言，发现那些方言根植于当地的百姓生活中，有许多鲜活、生动、形象的东西，却是普通话难以完全替代的，也是文字难以表达的。在某些场合，方言能改变交谈者之间的人物关系，在文艺作品中，方言能使人物形象更栩栩如生，更鲜明更有色彩，也更具有生活气息。

　　就拿我国的文学名著《红楼梦》来说，曹雪芹可说是那个时代用白话文写作最成功的大家之一，他写林黛玉——这位苏州来的姑娘，一口吴音软语，骂一个说话尖刻的丫头"促狭鬼！"——这"促狭"两个字用得十分贴切，却完全是吴语方言，只有江南一带的人（包括上海人）会这么说。它的发音(co ka)完全不是普通话"促狭"的音，而且两个字全是入声。我想，曹雪芹一定是很无奈，才找了这两个字来替代，可是如果按普通话念出来，不但北方人不懂，江南人同样也听不懂呢！

　　我曾在成都军区演出过一出宣传推广普通话的小话剧，剧名

《张铁娃闹笑话》，说的是一个不愿学普通话的四川籍小战士张铁娃，闹出了很多笑话。因为我打小学就跟着同学学着说四川话，这张铁娃就让我反串了。小戏在成都为军区战士们演出，没想到我那口四川话特别受观众欢迎。观众都是四川籍的官兵，反响特别热烈。

后来我到安徽农村体验生活，又排了几出农村题材的小话剧走村串乡为当地农民演出。我们在台词中加入了跟老乡一起生活劳动时学来的皖北方言，老乡们听了那个高兴啊！演出反应之强烈，是用纯正的普通话演出不能比的。

"文革"前，上海人艺有个方言话剧团。据说，那是人艺的黄佐临院长力主建立的，招募了一批会说各地方言的演员。我看过他们演出的《张文祥刺马》《方珍珠》等剧目，戏中各色人物根据他们的出身、经历、个性，说着各地的方言，这些语言、用词，使人物的色彩极大地鲜明起来。那些绍兴师爷、宁波商人、苏州小姐、苏北壮汉，借着语言，将一个个人物个性表现得淋漓尽致。

其实方言在我们的银幕荧屏上出现，早有先例。"文革"前有部电影《抓壮丁》，人物全讲的四川话，很受观众欢迎。还有一部由叶辛编剧、黄蜀芹导演影响很广的电视连续剧《孽债》，是反映上海知青生活的作品，人物的对白与真实生活中几乎一样：上海市民说沪语，云南来的孩子说带南方味儿的普通话，乡下来的阿奶说上海浦东话……生活味道十足，播出后收视率非常高。后来，这部电视剧要在央视播出，央视方面要求一律配成普通话。导演黄蜀芹很无奈，希望我来帮她完成这版普通话的配音。我在工作中发现，把所有的对白都变成普通话以后，剧中很多场戏的感人效果大打折扣，甚至变得很奇怪了。比如：云南来的孩子到了大上海,走出火车站,周围的人都说的是他们听不懂的上海话,心里不由得会产生一种陌生感甚至恐惧感;如果都变成容易交流的普通话,这种感觉就不会有了。又比如,孩子来到父母在上海的家,父亲或是母亲当着孩子的面,用孩子听不懂的沪语,来谈论怎么处置孩子的事,如果改成普通话,这些戏就不成立了。我们尽量做些弥补,但总是很勉强,戏也变得不好看了。特别是剧中浦东阿奶这个很有色彩的人物,如果改成说普通话,有几场戏根本就不合理,这个人物也就没有存在的必要了。所以在与黄导商量以后,我们还是保留了浦东阿奶的本地方言。至于那些鲜活的,特别能勾画人物个性的市井俚语的损失,已是难以弥补的了。

  这些年我一直从事译制片的工作,不想,竟在配音中接触到了外国的方言。我看过一部反映苏格兰地区生活的电影,里面的人物说的就全是苏格兰口音的英语。梅丽尔·斯特里普在影片《铁娘子》中出演英国前首相撒切尔夫人,为了更像这个人物,她就说了一口撒切尔夫人家乡口音的英语,那是她从撒切尔夫人生前留下的录音讲话中学会的——梅丽尔·斯特里普一直很重视在语言上对人物的塑造。我配过她早年主演的电影《索菲的选择》,影片中的索菲是个波兰犹太人。梅丽尔在拍摄这部影片时,特意学了一口波兰话;二战后索菲从集中营里出来到了美国,开始学英语,梅丽尔又说了一口带波兰腔的英语。这对这个人物的塑造帮助很大,使这个角色特别真实可信。在演《黑暗中的哭泣》一片中的澳大利亚妇女时,她又特意学了一口带澳洲口音的英语,让熟悉她的观众也相信这是一位地道的澳洲农村来的女人,使这个妇女形象更真实,更感人。

我又想起那部著名的美国电影《乱世佳人》，当初选郝思嘉这个角色的演员时，曾有许多著名女星来试演。导演虽看中了费雯·丽，但因她是英国人，说得一口纯正英语而缺少美国南方口音，为此曾经犹豫过；直到费雯·丽学会了片中郝思嘉的南方口音，才决定让她饰演这个角色。因为没有这个口音，美国的观众就不相信这是南方长大的郝思嘉。

有一段时期，好像我们的舞台剧、电影中只允许领袖人物说方言，当然，说方言是为了让领袖人物塑造得更逼真，更生动。但是，却出现了毛泽东在湖南农民运动中发动群众，他说的是一口湖南话，而湖南老乡却说的是纯正普通话的场面。这实在是让观众啼笑皆非。

我并不是主张我们的电影中都要用方言，因为国情不同，我国大片的疆域中很多方言都只局限于小范围地域的人听得懂，即使受追捧的沪语版《黑猫警长》，也只能局限于江南地区上映，并不是一个能推而广之的先例。但是，方言中确实有很多来自生活、来自草根的形象的表达，丰富多样的方言，也是我国文化的瑰宝，是不该被轻视，更不该被丢弃的。其实，像《孽债》这样的好片子，保留原片的方言，用打字幕的方法来解决异地放映中的语言隔阂问题，也是可以的。不是现在很多影院和电视台放映的外国片也都用字幕版，观众也都照样喜欢看嘛！

须一瓜

从小说《太阳黑子》到电影《烈日灼心》

相对小说的安静,电影的动静实在是大了。

其实,小说还是五年前的那个小说,不增不减、不垢不净,而今天,它忽然就被聚光灯打上了,获得了那么多有耐心的目光。作为原作者,我不时感到轻微的不知所措。开心么,似乎又有点说不清的忧伤;忧伤吗,也还是开心在怀的。是的,电影为小说打开了大门。

多年前,在写了几十个中短篇之后,就一直想着这个赎罪主题的小说。人性中有一些带着神性之光的情感,让我流连。我就是喜欢看到有罪感的人的自我平衡。那种由衷的悔过、愧疚、负罪感、救赎努力,总让我看到天堂之光。我也知道,当这个平衡找回来之后,或者巅峰感觉过去后,神性会消退,作恶心也可能再起,人也可能会重聚新的愧疚与悔过,如此循环,轮回着普通人的情感程式。而其间的光芒,闪照人间。

小说是有个原形核。一个不是在厦门的真实老故事。说的是三个铁路少年,犯下灭门大案后,在逃亡的十多年里,郁郁寡欢,勤勉老实,不敢娶妻生子,害怕没有明天拖累妻儿。其中老大,迫于家庭压力,结了婚,但怀抱儿子,经常悲从中来。

相对电影,小说写作是一个人的工程。你默默规划、独自开工,落寞打地基,寂寞地整建材,孤独地添一砖加一瓦搅水泥——当然,写作者一般不可能意识到自己的写作孤独,越沉浸在工作的孤独中,越感觉不到孤独。前后两年多,小说面世的时候,是在《收获》,随后,《长篇小说选刊》等几家杂志、报纸转载后,就基本归于安静。我自己也渐渐投身于别的文字建筑。当电影把小说大门再次打开,我甚至不得不重新阅读一遍,以准确回答读者们的问题。他们所有的问题,似乎都带着和电影的比较而来。

是的,小说和电影,最大的不同之处是结尾。

小说中,三个少年是犯下了灭门大案,但是,电影中,是别人干的。观后我感到遗憾。询问曹导,他坦言说考虑到审片过关,还顾及观众的接受心理。听曹导这么说,我理解了他。这是一个导演在审查制度下的妥协,也是一个善良人的顾忌。其实,小说出来,也有个别读者不能接受这个灭门案,他认为三个人既然这么好,就不可能下得了这狠手。作为小说作者,我清楚地知道,这三个少年,就是这么干的。小说构思中,这个年龄段,案发的具体条件,都不是随意设定的。案发时,他们才是十六七岁的未成年,有调查数据证明,这个年龄段的重大刑事案件比例,占了绝对数的大头。就因为少年处于其认知能力、情绪自控、生理激素等的综合异常期。美国的一个研究小组,在神经科学学术会议上,公布的一项研究表明,14—18岁的青少年,在面临危急情况时,比儿童或成年人更加冲动,因为他们的大脑很难控制他们的行为。年龄之外,小说中,诱发案件发生的条件,是突然性的、接踵而来的,非预谋强奸的强奸、非预谋杀人的杀人,一切都是突如其来、猝不及防。而三个少年,面对突发情况的连续错误反应,导致了恶果的步步加剧,最终身陷罪恶沼泽。小说在此的笔墨,不仅在证明他们的年轻幼稚,更在展示他们的主观恶性是不高的。它是一种错误的(甚至被动的)反应链条。和那些有主观预谋的图财害命或故意杀人,其内在心理机制上,完全不同。只是他们的无知怯弱,或者说法盲愚昧,完全接不住这个可怕的多米诺骨牌。在小说的系统工程中,这是一个非常重要的"根基",小说之所以要如此费心、周详地布置好这么多前提,就是要为三个少年日后的救赎提供有力支持。正向的支持是,源于三个少年本来心中的善(至少没那么恶),反向的支持是,灭门案就是不可更改的严酷事实,事实有多么残酷,噬咬内心的利齿,就有多么尖锐,引发内心的愧疚就多么难以撼动。换句话说,恶果在天平那头越重,求善的砝码才需要越多,否则,他们怎么才能维持心的平衡舒坦?这就是我经常回答读者的,背负恶案的设置,是小说的情节逻辑使然,是人物行动的逻辑力量。

电影主要取了小说中警长伊谷春和协警逃犯辛小丰这条线。通过表现这两个业务水准高强的亦敌亦友的关系,展示彼此在救命情义格局中的法与情之交织与煎熬。在小说中,除此线之外,还有一个阴郁卑鄙脆弱的好人——一个如何在愤世嫉俗中,以发现他人之恶来证明自己善良的房东卓生发,他也是天网恢恢中的一个恐怖网眼;还有的哥逃犯杨自道与警察妹妹伊谷夏的痛不可言的绝望爱情;还有一个最有人生远大抱负、最后在鱼排的星星下过着最具撕裂感人生的天文爱好者、最卑微的鱼排工陈比觉;还有辛小丰和同性恋人微妙的情感线(此线电影保留了,意在迷惑警长,而小说的意图,一是展示人物的复杂,二是为尾巴续手术费用);还有浓墨重彩的、关于三个救赎心切的逃犯对那个与灭门案同日出生的弃婴尾巴,展示的呕心沥血的柔软父爱。

相对小说,电影的筐子没有那么大。据说,曹导精剪之后,还有两百分钟的片长。他还是必须往下剪,刀刀见血也得剪。最后这个片子是118分钟。代价很大,比如那个爱情线变得突兀;比如那个房东变得简单;小天使一样的尾巴,几乎成了粗糙符号。我非常同情他的痛苦——今年7月,我在《人民文学》的一个新长篇《别人》,因为削足适履引发的严重贫血,让我羞于请朋友们阅读,我希望他们等我的书出来再看完整的。小说还有补救机会,所以,反过来想,论出生,电影的痛,还是超过了小说的痛。从这个角度说,喜欢电影《烈日灼心》的人,如果看不过瘾的话,可以到相对自由、丰富的小说里徜徉。

但是,尽管如此,电影还是拍出令人震撼的效果。曹导的多项得分,赢得了多路行内人士的多角度钦佩与赞叹;几名主演,在我看来基本是小说人物的灵魂附体,他们的眼神打消或减淡了我对中国演员眼睛缺少内涵、眼神没有表现力的印象。看到自己的小说,在一个优秀的团队打造下,以一个新的生命形式诞生,而且如此引人注目、口碑卓越,作为小说原著人,我跟进了自豪感。为这个团队高兴,也为自己骄傲。不过,不能否认的是,缠夹的忧伤始终存在。获得巨大荣誉的是电影。它不是我的小说,它不是我的光荣。

我还知道,当一切热闹喧腾的浪花退潮,我的小说,依然在寂寞的世界深处。这一本和其他本一样,依然在聚光灯打不到的地方。

这也是正常的。这就是小说的命运。小说家的命运。

张　军

给过去一个未来
——我与昆剧

5月18日对昆曲而言，是个特殊的日子。1956年的这一天，《人民日报》头版头条发表社论，引用周总理那句名言"一出戏救活了一个剧种"评价新编昆曲《十五贯》在北京连演46场的空前盛况。一度湮没的昆曲骤然焕发生机。那一年，我还没出生。

近半个世纪之后，2001年的同一天，联合国教科文组织宣布第一批"人类口头和非物质遗产代表作"名单，19个申报项目入选，昆曲全票通过、位列"非遗"榜首。这一次，昆曲站在了世界面前。

而那一年，我是上海昆剧团最年轻一辈的演员，经历过短暂的游离，从hiphop的时尚激越中回归昆曲舞台，正踌躇满志地想要证明自己的选择是正确的。我清晰地记得，团领导召集大家开会，宣布了一个好消息和一个坏消息。好消息是昆曲获选"非遗"，全世界瞩目，身为传承人，非常值得骄傲；坏消息是，"昆曲快灭亡了，不然怎么会被称为'遗产'呢？"冰火两重天的强刺激，我至今难忘。

如果说周总理当年的一句评价给昆曲带来生机，然而连年的政治动荡,却并没能让昆曲持续焕发活力,十年浩劫中,昆曲兰落枝折,以致传字辈的先生,我只见过一人。斗转星移,许多剧目复排了,"申遗"成功了,剧场越来越好了,声光电越来越发达,可是,昆曲就真的兴盛了吗?纵然是百戏之祖,是中国传统文化的珍品,是"非遗"杰出代表,但是,大江南北总共仍只有七个半专业院团。1994年昆三班60个学员拜别先生寻求出路,如今,1/3惜别舞台,1/3选择改行,坚守到今天的只有20位,分布在各个行当。

十年寒暑,去年秋天,昆五班的24个孩子毕业了。三两个与国家院团无缘的孩子来我办公室玩,巴巴地喊着"师哥师哥",眼神里既羞怯又满是渴盼。我们聊起了发声,聊起了跟斗。一位女孩子学戏的第三年就拉伤了膝盖,度过了好几年抑郁低落的时光,终于熬到了学成,"师哥,都到了这份上了,不想放弃啊。"刚过20岁的男生比女孩子内向一些,当我问他为什么不舍得放弃时,男孩执拗却低声地说,就是喜欢!那如果不得不另谋出路,你能干嘛?"不知道……没想过……"八年、十年,甚至更久,栽培了一个孩子,不给他"移盆",不给予他舞台,他要如何开花,如何结出硕果?为了昆曲的生生不息,除了继承好"手眼身法步",昆曲人还应该做些什么,还能再做些什么?

夜深人静,常有一个声音在我头顶响起:昆曲真的复兴了吗?我从来不愿听别人说昆曲是青铜器,因为青铜器只能进博物馆。昆曲不能只是"宝贵遗产",不能是"濒危物种",要让它血脉畅通,切入这个时代的心理和审美。一句话,要让昆曲从高冷凄清的博物馆展台走下来,活色生香,真正地活着。

1998年12月19日,同济大学首场演讲,开始了我"昆曲走近青年"的漫长征程。我带着一班同门,一家一家叩开高校的门,听到过最为难的回答竟是,你们的演出费我们给,人就别来了,真的没人要看……有一场,校方出于好意,在演讲开始之后,为防止学生提前离场反锁了礼堂的门,谁知有学生为了次日应考,翻墙而出,导致传出"看昆曲翻墙逃离"的消息……打击可想而知。有时候连我自己都不明白,明明有其他选择,我怎么就没有放弃?可能是我这个天蝎座的死心眼吧,反正,我就是没有放弃。十七年,我走遍了申城所有的高校,一次一次带着昆剧向大学生们走去,还曾在东方绿舟定期给高中孩子讲昆曲。昆剧之美在这些年轻人面前渐次绽放,他们的心里开始有了昆剧。

近些年,我的昆曲讲座有了一个新的主题:"给过去一个未来"。我特别喜欢这个提法,过去是什么?过去是风雅,是声声慢,是至情至性;未来是什么?未来是非遗,是新水磨,是品味典范。触碰昆曲的过去,畅想昆曲的未来。带着这个主题,我们去过陆家嘴白领沙龙,去过长宁区宣传系统,去过新江湾社区,去过龙美术馆,去过外滩源艺术会所……最让人高兴的是,经常有满脸兴奋的年轻人上前来说,张老师,哪一年我还在念书的时候,在学校听过你的讲座。

一颗追随昆曲的心,一代弘扬昆曲的人,我成长了,我的观众也成长了。

实景园林昆曲《牡丹亭》始创排演至今已是第六个年头。我们在朱家角课植园安营扎寨,暑夏研究灭蚊系统,下雨就给观众发雨衣,每场总结每场磨;我们去到了纽约大都会博物馆,去到了巴黎拉塞尔圣克卢宫,戏越改越精致,连续五年170场,后两年已是每场都一票难求。今年我们的目标是要演满200场,这恐怕是昆曲单场演出的一个空前的纪录。不久前的今年首演,散场时许多观众激动地不愿离去,有两位年轻女士一脸陶醉地表示,每年都来观看我们的首演,一个已是第三年,另一个更是连续五年。听到这话,春日暖阳照彻我整个人。

世上总有一片绝美的风景使你安静和向往,也使你终于知道所有的跋涉都是值得的。

在昆曲成为"非遗"的第十个年头,2011年的5月,我赴联合国教科文组织的总部巴黎,获颁"和平艺术家"荣誉。

教科文组织每年都会在全球范围任命一位"和平艺术家",在我之前,加拿大歌手席琳·迪翁、喀麦隆音乐家马努·迪班哥、西班牙舞蹈家华金·柯特斯以及伊拉克出生的英国建筑师扎哈·哈迪德等都获得过这一荣誉。我是继电影演员巩俐(2000年)和中国残疾人艺术团(2007年)之后,第三位获此殊荣的华人艺术家。任命书肯定了我长期以来在推广非物质文化遗产方面,特别是在推动昆曲艺术的传播上所做出的积极贡献。从那一天起,昆曲不再只是我的职业,更是前所未有的使命。

有朋友说:就像《十五贯》"一出戏救活了一个剧种"一样,你一个人改变了昆曲的面貌,使它年轻化、时尚化、国际化了。天哪,小生如何敢当!

我胆大妄为,改变昆剧了吗?应该说没有。文学性(尤其是诗歌的文字肌理)、曲牌体、写意,昆曲这不可撼动的三大特点不变,绝对不变,是我始终坚守的根本。我觉得只要守住了昆剧的"魂"和"韵",任何改变都是"移步不换形"。

但改变又确确实实发生了。我开创了"Kunplug水磨新调"的新音乐形式,虽是加入了电音、西洋配器,但所有的唱腔都严循传统,这与六百年前魏良辅把笙、琴、琵琶、弦子等加入笛箫,使曲调更富感染力并无二致,我只是再次改变了它的伴奏形式。所谓传统的、原汁原味的昆剧,其实本来就不是一成不变的。

异想天开的是,我把《牡丹亭》从舞台上搬进了园林,在鸟鸣花香间赏良辰美景,在湖山石畔唱如花美眷似水流年,柳梦梅手执的是真正的柳枝,临池抒怀时水中会出现真实的倒影,所有的唱无需扩音,字字真纯,天地共鸣。这些变化看似革新,然而,这不正是"客至乐具,豪门清韵"的待客古风吗?这不本是明清昆曲兴盛时期该有的样子吗?

周末自驾到古镇闲散地逛逛,河边坐坐茶馆发发呆,入夜进园子看戏,暂别车水马龙水泥森林,体验一回伤春悲秋、生死爱恋,不就是"生活艺术化,艺术生活化"吗?让昆曲回到生活中去,这才是它"去濒危"最关键的一点。

艺术家必须用作品说话。在园林版《牡丹亭》大获成功之后,六月末,我的呕心之作《春江花月夜》即将在上海大剧院拉开它世界首演的帷幕。这是我近年来见过最具昆曲古典气质的剧本。我一向认为,昆剧演帝王将相从来都比不过京剧和其他剧种,但昆剧自有自己不可及之处,那就是它的超然,它超越现实、超越生死、超越时空——昆剧里有宇宙观。昆剧的才子佳人、缠绵悱恻,赞美的是爱情,但超越爱情；描摹的是人性，但超越人性；感叹的是时间，但超越时间。《春江花月夜》正是这样一个触及人性和时空的戏。

除了领衔主演，我首次担纲制作人身份，筹备近一年来，压力之大是单纯主演时无法想象的。我突然觉得自己面对太多的问题——原创剧本能否被挑剔的昆曲观众所接受，如何呈现古典神韵与现代美感的调和，如何用音乐让更多非昆曲观众走进剧场，甚至，如何使它成为继《牡丹亭》之于明朝、《长生殿》之于清代后，一部足以留给后世的里程碑作品？我带领我的团队改变传统投入模式，集结两岸三地最顶尖的主创团队，开发运用在年轻人中备受关注的自媒体推广手段……我努力在为昆曲注入更多适合当下的营养，在传承的基础上使它焕发新的光彩。

昆曲人在戏里灌注他们的梦想，昆曲则在我们一折一折、一出一出的努力中焕发生命力。"5·18"十四周年了，昆曲这株幽兰，需要柔软而又深厚的土壤，从业三十年来，我先是扎根，后来则是一边扎根一边松土，然后拼命抽枝展叶。当水磨腔婉转响起，如明月当头，所有伤痛、艰难和劳累都烟消云散，天地间，惟有幽兰静吐清芳。

孙小宁

从一个人身上辨认出契诃夫

1月24日，在人艺看话剧《万尼亚舅舅》，三小时的剧长，李六乙竟一处也没舍得删。结束时已近晚十点，出剧院才发现下雪了，薄薄的细雪，每个车顶上都敷了一层。在夜灯反射下，闪着碎银一般的光。那一刻，感慨万千，似乎第一次看清，契诃夫已经嵌入我的生活很多年，不是通过书斋式的阅读，而是通过这一道道四面八方折射过来的光。

我的第一本与契诃夫有关的书，是童道明先生的《惜别樱桃园》，1996年出版，由他签赠给我。那时还不知，一个学者早年留学苏联的时候，就已决定把自己的一生和契诃夫联系在一起。如此全身心地阅读，如此毕生的翻译，进一步，又创作剧本。不是这样的灵魂相应，怎可想象，一个著名的戏剧评论家，晚年要做剧作家，大器晚成。世间因此也就多了两部和契诃夫有关的戏：《我是海鸥》与《爱恋·契诃夫》。

和童老师交往，最初是编辑和作者的关系。做编辑需要约稿，我约他写的，大都是契诃夫。写了那么多次契诃夫都不重样，他可真像一口源源不尽的井。而更重要的又是，我也就是这样一点一点认识契诃夫。童老师写作，至今不用电脑，稿子都写在稿纸上，所以我这做编辑的，约了稿就必须取稿。天气暖和的时候，我们在他家楼下的藤架下交接。怕我认不清字，他总要把手写稿读一遍，即兴发挥，再讲点契诃夫的迷人轶事。对我这酷爱买影碟的人来说，这就等于同时奉送了契诃夫正片之外的花絮碟。我由此知道了契诃夫与托尔斯泰、高尔基之间的友谊，也知道他深爱的两个女人：米齐诺娃、克尼碧尔，一个成为《海鸥》中妮娜的原型，一个在舞台上参演了这个剧目。很多的花絮是后来才被播扬的，但在我这里，它们早已通过这种方式，潜移默化地融进我的精神血液，和契诃夫的精神气质相关，也其实能概括童老师的精神气质。

《万尼亚舅舅》上演前，我照旧想请他写篇文章。因为李六乙这个戏，剧本就是请他翻译的。取稿的那天天寒地冻，交接当然就在他家里。这次他没有读给我听，而是说：你来读吧。看他坐在沙发上，已做好了聆听准备，我便也坐下来开始读。稿子共四页，写在印刷品的反面。字小，里面涂改无数。念起来打磕绊时，他会帮我辨认。里面照旧有一些契诃夫的引文，念着念着，我竟也像舞台上的演员一样动起情来：

> 我们要活下去，我们要度过一连串漫长的黑夜，我们将会听到天使的歌唱，我们将看到镶满宝石的天空，我们会看到所有这些人间的罪恶，所有我们的痛苦，都会淹没在充满全世界的慈爱之中，我们的生活会变得安宁、温柔，变得

像轻吻一样的甜蜜。

这是《万尼亚舅舅》结尾,索尼亚对万尼亚舅舅念出的台词。很快我就有机会,听演员将它念了一遍又一遍。先是看了彩排,当然是借了童老师的光。虽然去之前我曾犹豫,这种不穿戏服的剧透式观看,会不会影响我正式看戏的情绪。但是,看完我就不后悔了,因为只有彩排,你才能看到导演与全体演员在戏结束时那涔涔的泪光。他们真入戏了,连我一向熟悉的濮存昕,都变成了不折不扣的愁容骑士。不短不长的头发,怎么看都乱糟糟,以至于正式演出前,我从他手上接过票,赶紧就离开,好像不忍面对这个被生活打败的万尼亚舅舅。

若做回忆,这么多年在北京上演的契诃夫的戏,尤其是人艺舞台上那几出,我差不多都看过。能体会到的神奇之处在于,一个演员接了契诃夫的角色,那角色就好像住进了他的身体。换句话说,它一定会把他生命中某些部分给唤醒。而如我这样的观众,便常常能从戏里看到戏外的联系。在我看来,扮演索尼亚的孔维,排练时的感觉要比舞台上好。或许因为不穿戏服,不打灯光,我始终能感到她那种因为年轻,因为缺乏历练而有的怯生生的劲儿——而这又是很合这个角色的。童老师告诉我说,她也的确十几年没有在舞台上演戏了。真实的演员生活,并不像娱乐新闻渲染的那样光鲜。寂寞与等待,属于大部分演员,所以听孔维演的索尼亚劝舅舅:要活下去。要忍受漫长黑夜,要耐心忍受命运给我们的考验。我总是觉得,那也是她说给自己听的。

至于濮存昕饰演的万尼亚舅舅,用一位老观众看完后诙谐的说法，他就是在舞台地板上睡了几觉，然后激烈地朝怨恨的人开了一枪。多年前爱上的一个女子，再次来到他替死去的姐姐苦心经营的庄园，已经成为姐夫的娇妻。而这做教授的姐夫，曾经是这个家族集体崇拜供养的偶像，现在，这种光环在他心中，已然像肥皂泡般碎掉。深感自己岁月蹉跎的万尼亚问自己："我今年四十七，如果能活到六十，我该怎样度过这么长的时间？"听到这里，我想的是，濮存昕已活出六十，他那从四十七到六十岁的人生，是否会在脑海里过一遍。

契诃夫的台词，总是像小提琴的乐音那样纤柔、细腻而又肌理丰富，不经意间就能将人的心弦拨动。"您能勇敢地解决一切问题，但亲爱的，您倒说说，这是不是因为您还年轻，还没有来得及品尝任何一个生活难题给您带来的痛苦？您能勇敢地朝前看，这是不是因为您还没有看到和等到任何可怕的东西？因为生活的真相还没有暴露在您年轻的眼睛里。您比我们勇敢，比我们诚实，比我们深刻，但请您好好想想，请您拿出哪怕一丁点儿的同情心来，可怜可怜我吧。要知道我出生在这里，我与父亲和母亲在这里生活过，还有祖父，我爱这所房子，失去了樱桃园就会失去我的生活的意义，如果一定要卖掉，那么把我连同这个园子一起卖掉好了……要知道我的儿子是在这淹死的……"当年看完《樱桃园》后，这段台词就经常萦绕于心。到了《万尼亚舅舅》，刚愎自用的姐夫也宣布要卖掉这个庄园，便也能体会万尼亚舅舅失控的愤怒。索尼亚一再劝父亲"您要仁慈"，"我们没有白吃面包"，后一句每一次听心都会痛一下。

一百多年前的契诃夫，似乎已预知今天的我们，注定要做无家别。而切断我们与现实生活的根基联系的人，似乎是一股莫名而不可挡的力量。这无处依傍的精神之苦,正是《万尼亚舅舅》中叶莲娜说的:这个屋子不安宁。

看这出戏,老早我就约了一位远方的朋友。她答应来看,并做了无数提前的准备,到跟前却来不了了。原因之一是:她所在的城市刚刚经历踩踏事件,情绪还没缓过来。我理解,但也百感交集,原来,看一出确认我们灵魂不安宁的戏,也是需要天安地宁才能做的奢事。

当然,很多人并不觉得契诃夫需要这样了解。我看演出后发微信,有朋友立马晒出网上找到的全剧本——可惜和这个剧本有出入。但那也是阅读了契诃夫不是吗?我还是不这么认为。

比起孤零零的剧本阅读,我更愿意在生活中与契诃夫不期而遇。我曾一连几天跑小西天电影资料馆,去看土耳其导演锡兰的电影,说不出的喜欢,后来找到原因,在他心底,拍每一部作品都是在向契诃夫致敬。我心仪的另一位导演新藤兼人,晚年曾拍过《午后的遗言》,他让两位演过《三姐妹》的老演员重聚,在一起念"我们的生命还没有完结,我们还要活下去"的台词,这是老年人的励志,但也体现出如童老师所说的,契诃夫式的乐观主义。

而我,如此细碎地写出《万尼亚舅舅》演出前后的这一切,也是觉得,这里的每一个场景,细节,都在构筑一个活生生的契诃夫。契诃夫于我,从来不是语词、术语堆叠出来的经典,而是如此这般,出没于我的生活当中。你从一个人身上辨认出契诃夫,就是对自己的灵魂做一次确认,确认疼痛还不够,还要同时确认,生活里有种东西,值得你继续为它付出。这样好像也是为了,别人能再从你身上,辨认出你的灵魂,以及契诃夫的种种。

杨燕迪

以音乐对抗第三帝国

多年前,读到一则真实的小故事,至今回想仍印象深刻:纳粹德国期间,某个夜晚,几位犹太人知识分子围聚家中,焦虑地等待着随时可能出现的恐怖敲门声。他们低头不语,一时不知该如何打发这令人窒息的时间。过了一会儿,他们默默打开琴盒,取出心爱的乐器,开始拉奏室内乐……那是一个漫长的夜晚,感谢上帝——要命的敲门声终于没有出现……

这则故事比任何理论分析都更为透彻、更加直接地展示了音乐可能具有的象征意味和伦理价值。当人的存在处于极端境况时,往往只有无言的音乐,才能承载起这份时间的重量和情感的质量。

"二战"即是这样的时刻。其间所产生的音乐,便是记录处于极端情形中人性光芒的音响见证。可以举出两部诞生于"二战"硝烟中的纯器乐大型作品——不论从何种角度看,它们都堪称音乐史中的奇作,创作和首演时的困顿几近难以置信,甚至不可思议,但却是历史的真实。人的精神力量所砥砺出的音乐潜能,在此被发扬,被镌刻,被铭记。

首屈一指，便是苏联大作曲家肖斯塔科维奇（1906—1975）的《第七交响曲》（"列宁格勒"）。我想，如要推举一部最能代表抵抗法西斯"二战"的音乐作品，大多数音乐家都会选择这部"肖七"。战争时节，生死存亡，人的生存环境和条件已经掉至下限以下，居然还要坚持写作和演奏貌似没有实际效用、具有精深专业要求、还须花费大量人力与精力的交响曲，那是怎样一种有悖常理的景象，其中又体现着怎样一种无言的精神？！此曲题献给"列宁格勒"，即今日和旧时的"彼得堡"——地名的更迭中浮现的是别有深味的历史文化意蕴。二战期间，列宁格勒长达九百天（1941年9月初至1944年1月中）的抵抗德军围城战，以时间最长、损失最巨的城市保卫战而被列入现代战争史册。就平民的死亡人数而论（近百万人），这场战役据称也位列"第一"，超过了汉堡、德累斯顿、东京、广岛和长崎在二战中平民死亡人数的总和！

　　正是在如此惨烈的环境中，肖斯塔科维奇着手构思和起草他的"第七"。这位作曲家是彼得堡人，与这座名城具有亲情般的认同。母亲城遭敌军围困，此时写作音乐，表达内涵必然与这一"时事"密切相关。令人惊讶的倒不是作曲家此时仍坚持写作音乐，而是他在这样的非常时刻坚持写作一部四乐章、满编制、要求近百人大乐队、演奏时间超过七十分钟的大型交响曲。关于此曲的创作和演出，传奇故事之丰富和奇特，足以构成一部篇幅不短的小说。友人后来回忆，作曲家曾邀请朋友们到家中讨论此曲的方案，大家都相当赞同将此刻的战时感受纳入规模巨大的交响曲结构中，以无言的纯音乐来刻画母亲城对抗纳粹时的奋争、艰辛和勇气。作曲家曾在钢琴上弹奏该曲的草稿给大家试听，正在此当口，空袭警报响起。但在场的音乐家朋友不肯离开，希望作曲家继续弹奏。作曲家起身先护送妻儿去隐蔽处躲藏，回来后在警报声中继续弹奏……1941年9月底，"肖七"的头两个乐章完稿。10月1日，苏联政府为保护这位著名作曲家，请肖氏全家撤离战火连天的列宁格勒。作曲家在随后几个月中，全力投入这部战时交响曲的写作，并在当年的年底完成全部总谱。

更令人不可思议的是接下去这部交响曲的演出。翌年年初，在苏联人民缺水断粮、甚至生命都岌岌可危的战时境况中，这部交响曲在苏联各地举行演出！ 1942年3月5日，该曲的"世界首演"在古比雪夫城举行。3月29日，莫斯科首演。4月，总谱的微缩胶卷通过军用飞机送至西方盟国。6月22日，英国爱乐举行广播和现场首演。7月19日，托斯卡尼尼指挥了美国首演。最可歌可泣的是，此曲在德军包围中的列宁格勒得到首演——排练极其困难，因为死伤无数，找不到够数的乐手，只得临时招募，并给饥寒交迫中的演奏员提供特别食品配额。8月9日，在百折不挠的千辛万苦之后，这部属于列宁格勒城的交响曲终于在城市音乐厅中奏响，并通过高音喇叭向全城市民和德方阵地实况播放。为了保证演出时的安静，红军指挥官在演出前下令向德军阵地发射了约三千发炮弹，以压制敌方火力——这真是音乐演出史上前所未有的奇观！

可以想见，当时演出现场气氛所达到的精神强度堪比"爆炸"！现在的我们聆听这部交响名作，似乎仍能感到音符和音响背后那种"血与火"的生命表达。在这样的音乐面前，我们已经不可能进行客观和冷静的"审美"判断——它或许并不是肖斯塔科维奇在艺术质量上最"好"的作品,但它要求听者在聆听的时候必须牢记诞生背景和首演过程,并在艺术体验时将这种记忆全程带入。在这里,艺术不再属于一般意义上的愉悦审美,而是生活乃至生命在更高层面的精神实现。

另一部几乎诞生于同时的"二战"音乐名曲——法国二十世纪最重要的作曲家奥利弗·梅西安(1908—1992)的伟大杰作《时间终结四重奏》,在同等的意义上印证了上述论断。该曲写作和首演的境况就抓人眼球的"戏剧性"而言也许不如"肖七",但其中展现的面对困局绝不放弃希望的可贵品质同出一辙,而在对抗邪恶、超越痛苦的态度上甚至比"肖七"有过之而无不及。

战时遭遇之奇特,甚至超过小说的虚构。二战爆发后,应征入伍的青年作曲家梅西安被俘,随后被转运至德国的战俘集中营。不幸中的幸运是,该集中营中的德军看守军官对俘虏比较友好,还喜欢音乐。看守军官交给梅西安一卷谱纸和一小段铅笔,并允许作曲家独处,以便写下他脑海中的音乐。这首四重奏的乐器组合有些奇怪,是为单簧管、小提琴、大提琴和钢琴所作——二十世纪之前的西方传统曲目中,几乎没有这样的搭配。显然,之所以如此,只是因为集中营中刚好有这样几位乐手。曲名中的"时间终结"带有强烈的宗教意味——时间结束,便是永恒。梅西安终生是一位虔诚的天主教徒,信仰的精神深刻植入他的创作,并帮助他度过人生中最艰难的岁月。

1941年1月15日,《时间终结四重奏》在集中营举行首演——图景同样令人难忘:天下着蒙蒙细雨,没有音乐厅,就在室外表演,约四百名羁押战俘和德军看守冒雨聆听。梅西安自己演奏钢琴,联同其他三位狱友齐心合奏,虽然乐器破损,状况不好,音准很难协调。乐曲共八个乐章,描画礼拜、天使、鸟儿、永生、彩虹、耶稣等明确的宗教主题,时长近五十分钟,音响上呈不协和的"现代"风格。梅西安后来回忆道,"我从未见过观众以如此的投入和理解聆听我的音乐。"

无人知晓在场的战俘听众中有多少人具备音乐修养,又有多少人了解现代音乐的语言技巧。但相信作曲家的回忆毫无夸张,那场首演的聆听一定远远超越了普通意义上的音乐体验。奇妙的是,这首四重奏的总体气质以安详和宁静为核心,沉思冥想中常常透出难以言传的欣喜,苦痛的表达反而是边缘性的陪衬——考虑到此时此刻作曲家、演奏家和所有在场听众的实际生存境况,其间的巨大反差至今仍让人动容,甚至令人震撼。

在"二战"的极端时刻,音乐真真切切变成了对抗邪恶的武器,也在最严肃的意义上成为人性正面价值的承载体和象征物。在结束"肖七"和《时间终结四重奏》的奇特故事之时,我突然又想到了另一则相当出名的故事——当然这是传闻,不知真伪。古希腊数学家、哲学家阿基米德在罗马士兵闯入家中、威胁杀头的关口,泰然自若,正色说道,"先让我完成我的几何圆形。"随后,阿基米德倒在了罗马士兵的刀剑下⋯⋯但是,他的高贵灵魂却自此成为永远的传奇。我觉得,这个故事中所蕴含的内在精神与"肖七"和"时间终结"的故事,以及本文开头的小故事有某种贯通与契合——在终极意义上,真善美超越此岸,属于精神性的永恒,因而必定会战胜现世的、暂时的邪恶。

汪涌豪

哲学咖啡馆

巴黎有一万两千多家咖啡馆,巴黎人每天上班前都习惯先去那里喝一杯。那种六毫升的Expresso,可以照亮他们一整天。还有些人等不到中午就会再去续杯。及至午后四点,又是咖啡时间。如此拥杯轻啜,过尽一天。若还有余闲,就要tuer le temps,即"杀时间"了。对许多人来说,最常见的杀时间方法,仍是回到咖啡馆。

这里要说他们喝咖啡的标配,不是甜点是聊天。巴黎人很强调咖啡馆的气氛一定要对,所谓对,就是能让他们可劲地聊天。说真的,除了伊斯坦布尔,我还没见过哪个地方的人比巴黎人更爱聊天。可能是欧洲最大移民国的缘故,他们似乎从不在意对方是谁。某次在巴尼奥莱街遇一老者,问完钟点后,居然跟我聊了起来,然后忽闪着眼睛问:"您有时间吗?喝杯咖啡怎么样?"我喜欢这里咖啡馆,就是他撩拨的。

按老人的说法,巴黎人就是喜欢去咖啡馆。"全世界人都以为我们不是在度假,就是在罢工,其实大部分时间,我们都在咖啡馆。如果哪天我们没吃上奶酪,至多觉得不爽;没喝上咖啡,简直不算生活。"说这话时,他脸上闪着光。但在我看,他们能一年喝掉十八万吨咖啡,主要还是有闲闹的。

要说巴黎人有闲是出了名的。不仅工作日比英美等发达国家少许多,节日还特别多。每年五个法定节日、六个宗教节日外,还有五周带薪年休和十二天职业培训假。倘法定假日与周末隔一天,那这一天被称为"桥",可与周末搭在一起连休。我笑问巴黎人每天握手次数比眨眼还多,有时行一贴面礼须打三四来回,补个鞋掌却要等上一周,如此说得多做得少,重虚文而轻效率,再整天泡咖啡馆,还能做什么事。老人听了大笑:"法国人就是天生慢性子,在巴黎,更觉得除了圣母院钟声,没什么须特别准点。"见我不以为然,他提高了嗓门:"你知道为什么我们高脂饮食却很少得病?就因为吃得慢嘛。还有,全世界都认可巴黎有最好的情人,还不是因为我们只经营过程,对结果却要得很慢?"

我正语塞,他调整了神情,认真起来:"当然,最重要的是,我们不光喝咖啡,还聊天,甚至我们去咖啡馆就是为了聊天。一小杯浓咖啡,搭上一场'咖啡馆谈话',这就是巴黎人的生活。"法语里,"咖啡馆谈话"(propos de cafe)原本就指"闲言碎语"。老人告诉我,这里每家咖啡馆都有自己的常客,人们每天来要同样的东西,时间一久,彼此直呼其名,老板更成知己。这样海阔天空地聊起来,热闹可想而知。有时,谁潦倒失意,说开了,也就牢骚满腹不断肠;间或臧否时事,起了争执,更不会伤着和气。尤其左岸的咖啡馆,能让蔑视周遭的遗世者视同归巢。当他们离群索居,但其实对世界还有期待;乃或内心孤刚,但仍想有人陪他寂寞,都会来此喝一杯,并与那些夸夸其谈者怀着相同的心理节奏。

说到左岸这片由圣日耳曼大街、蒙巴纳斯大街和圣米歇尔大街围合起来的区域,三个世纪以来就一直是巴黎的人文荟萃之地。但许多人未必了解,当右岸咖啡馆里的人忙着拉关系、谈生意,此间咖啡馆的常客们并非都在搜索枯肠,作艰苦的沉思。相反,常常只是口横海市地闲聊。即使再庄严的主旨,也被他们以聊天的方式发扬出来,扩散开去。以至由中世纪旧王朝而及启蒙时代,从宫廷转移出来的文化,酝酿出清明的哲思在这里安顿,大革命时期各种发唱惊听的主义与危言在这里播扬。今天,"普罗科普"这家全巴黎最古老的咖啡馆,华丽的天顶吊灯,经高大的墙面镜和大理石桌面的反射,似仍可照见雅各宾派的丹东、罗伯斯庇尔,复辟时期的浪漫派诗人缪塞,以及卢梭、狄德罗、博马舍、雨果和达朗贝尔等人的身影。来此观光的人们自然更多将目光投向拿破仑——他当年身无分文,曾将帽子抵押在这里——但懂历史的人却只是拟想前者的辩才无碍,并在其波俏的口角中,体会老巴黎独特的韵致。这样又过两个世纪,有"花神"咖啡馆开张,招待了战后法国一多半最优秀的知识人,并与附近的"双偶"咖啡馆一起,成为旧日左岸最纯粹高上的浪漫原点与中心。因为这里是萨特与波伏娃常来的地方,至今有标牌站立门口,招人关顾。但其实,除写作外,住在附近邦拿巴街的哲学家,到此也只做了一件事:约见朋友,聊天,每天从早九点开始,一直延续到晚八点以后……

我问老人,该如何看左岸咖啡馆中的闲聊。他没回答,只是建议我有时间再去右岸皇家宫殿区内的"摄政"咖啡馆看看。在启蒙时代,那里也是巴黎的闲聊中心,却以静谧与沉思闻名。小说家勒萨日整天在此创作,卢梭时不时也会进去喝上一杯。我领会他意思,这样的风尚,其实是流荡在整个巴黎的。

为什么?当然是因为巴黎人烂漫的个性和出色的语言表达能力。全世界都知道法国人思理发达,长于论辩,虽有时不免予人夸夸其谈的印象,但大都能恪守尊重对方、包容歧见的原则,尤能崇尚理性,鼓励质疑。正是这些原则,使得其澜翻的舌底既超越了空谈,又迥异于八卦,并面上触及现实,内里连通着哲思。

确实,世界上还没有哪个国家,其国民的行为方式如此深受哲学的影响,早先是将其作为宗教的世俗替代,后又拿它来与生活质证,与文学共颉颃。尤其近代以来,从蒙田的"我怀疑"到笛卡儿的"我知道"、帕斯卡尔的"我相信",哲学几乎构成法国人对世界是否具有确定性的基础认知。而其中理性与怀疑的精髓,更是得到充分的贯彻与发扬。看看英国人艾瑞克·马修斯(Eric Matthews)的《法国哲学的法国性》就可知道,那种"我知道什么"的蒙田式的发问,而非洛克式的对知识的普遍化的探究,是如何引导他们带着批判的眼光审视世界的,以致使他们既怀疑思想,也怀疑行动;既怀疑行动的动机,更怀疑怀疑本身。为此,他们需要有足够多的场合表达立场,与足够多的同胞交换看法,并且这个场合最好能延展出广大的自由空间,这人也最好五方杂凑,有不同的背景,能构成真正意义上的众声喧哗。咖啡馆恰好满足了这个要求,所以替代了以前的教堂、沙龙,成了巴尔扎克所说的"人民的议会",以及此后更多人所认可的介入社会的平台。

我们很自然地聊起了法国哲学。老人说自己最不能接受孟德斯鸠,为其宁可看人在酒店烂醉,也不愿其在咖啡馆聊天。"他的思想固然伟大,但仅因人在咖啡馆群聚私议,就以为有妨政治,就主张关闭,与卢梭的自由思想没法比!"我素来佩服卢梭虽私德有亏,死前被马车撞翻被狗践踏,身后仍能以"自由奠基人"的身份入葬先贤祠,但感觉他的《论科学与艺术》称只有少数人才胜任真正的哲学思考,许多人热衷哲学不过是无所事事和虚荣自负云云,未尽妥当。老人没有回答,只是说:"他也是咖啡馆的常客!"

后来我们又聊到了"花神"菜单上至今印刻着的萨特的那句"自由之路经由花神咖啡……",我说我理解海明威称"巴黎是一场流动的盛宴",就着落在此了。老人笑了:"但像波布这样号称全巴黎最贵的咖啡馆、圆顶这样号称全世界最大的咖啡馆就不要去了。后者还兼为酒馆舞厅,不可能产生真的思想。"

让我没料到的是,话到这儿,就此引出他许多的感慨:"法国人引以为傲的东西几乎全属过去,就连咖啡馆也是如此。"虽说世界上第一家咖啡馆诞生于英国,第一家真正有味道的却产生在巴黎。只是欧债危机带出的福利制度调整,让法国人的购买力三十年来首次出现下降,许多人就此改变去咖啡馆简餐聊天的习惯,改从超市买浓缩咖啡带回家喝,即使去了也行色匆匆,顾不着闲聊,这使得咖啡馆生意直线下滑,数量也从二十万家下降到四万多,并正以每天两家的速度递减。"还有更糟糕的,现在越来越多年轻人以去星巴克为时髦,习惯在路边随便抓一个三明治,端一纸杯焦味咖啡边走边喝。不成体统啊!"法国是欧洲最早产生自己文明的国家,也最早形成自己的国家意识，但自上世纪以来地位逐年下降。我能感觉，他实际想说的是此间咖啡馆目睹了法国文化从鼎盛走向衰落的过程。说巴黎的咖啡馆是近代以来法国文化日趋低迷的缩影，确乎不是夸大。

我安慰他：不是有"哲学咖啡馆运动"吗？从报上看到，受欧洲哲学实践运动与德国哲学咨询的启发，早在1992年，哲学家 Marc Sautet 就在巴士底广场的"灯塔"咖啡馆开出第一家哲学咖啡馆（Café Philo），聚焦人感兴趣的问题，向处在后现代都市中的大众提供摆脱孤单与焦虑的方法。由于它重在体验的非学院式的展开形式，引来从上班族、家庭主妇到流浪汉纷纷参入。当然，也有信仰是否需要牺牲其他、孤寂可否视为灵魂的安慰这样的抽象讨论。"巴黎终究是巴黎，光咖啡馆就分出诗歌、戏剧、音乐、电影甚至天文等不同主题，且唯独哲学咖啡馆最多拥趸，以致整个巴黎已开到三十家，整个法国已有二百多家，这应该与法国人从来重视哲学教育，并以此为公民教育的基础有关的。"

我这样说不是出于客气，因为在法国，学习哲学确属公民义务。为了养成公民的自由崇尚、理性精神和批判意识，它甚至将哲学列为高中必修科目，放在语文与数学之前。如此重思想而轻技能，使得法国人能越然英德这两个哲学民族之上，在光大先贤的同时，真正接续上人类悠长的哲学传统，类似苏格拉底将明辨与诘问这种哲学活动与人的幸福相联系，芝诺因视人为自然的一部分而要求人应承认自己的局限，过合乎道德的生活，还有塞涅卡面对贫富、死亡等问题，假哲学以为人思想的咨询和开导等等，从而使哲学教育实际成了每个人的成年礼。

我告诉老人,自己很早就留意过法国会考中的原典解读题,如论笛卡儿《指导心灵的规则》和汉娜·阿伦特《人的境况》之类。我相信这里的年轻人终究能懂得尤瑟纳尔、普鲁斯特小说之所以好,戈达尔、卡拉克斯的电影之所以誉满全球,全是因为有哲学的究问,并从情节设置到镜头语言,萦绕着精深的思辨。而没有哲学的人群盲目,没有哲学的国家断断没有前途。

临别,老人提及那首叫《巴黎天空下》的老歌:"巴黎天空下,坐着一个哲学家,两个乐师,和一群看热闹的乞丐、流浪汉,四方游客云集,他们海阔天空地神聊。"我则告诉他,中国有个才子诗人叫徐志摩,他说"如果巴黎少了咖啡馆,恐怕会变得一无可爱"。老人听了大喜,连称"我爱徐志摩",并将初识时的握手改为贴面拥抱。按纯正法兰西的习惯,南部是三下,西南部两下,巴黎人自然须得回亲上四下!

孟　晖

小立香炉熏华衣

信手乱翻《瀛涯胜览》，忽然注意到，这本书写于1416年（永乐十四年）底，到明年，就问世整整六百年了。

"郑和下西洋"是个念叨烂了的话题，可是有多少中国人清楚，他指挥的明朝舰队四次到达波斯湾的霍尔木兹海峡？是的，霍尔木兹海峡，当前国际政治中的热点，三十年来因这里的紧张局势而不断出现在新闻中的敏感地名。"舟人矫首混西东，惟指星辰定南北。忽鲁谟厮近海傍，大宛米息通行商"，会稽人马欢因为通晓阿拉伯语，有缘以通事即"翻译"的身份随郑和船队远航，在1413年（永乐十一年）第六次下西洋时首次到达这里，这个即使在今天对中国人来说仍然显得远在天边外的地方。回国之后，他写就《瀛涯胜览》一书，记录大明宝船沿途经过的国家与城市，其中包括阿拉伯半岛上的祖法儿国、忽鲁谟厮（即霍尔木兹）国、阿丹（亚丁）国和天方（麦加）国。

也许，在富有的过客的眼中，世界容易显得美丽，马欢讲述"目击而身履"的异国时立意"直书其事"，简洁客观，不加文饰，但却以一种不自觉的诗意打动读者。对于祖法儿国，他注意到，"如遇礼拜日，上半日市绝交易。长幼男女皆沐浴毕,即将蔷薇露或沉香香水搽面及体,才穿齐整新净衣服。又以小土炉烧沉、檀、俺八儿等香,立于其上,熏其衣、体,才到礼拜寺。礼拜毕各散,经过街市,香气半晌不散。"

祖法儿国,位于今日阿拉伯半岛东南端阿曼国的佐法尔地区,是著名香料乳香的产地。马欢笔下,十五世纪时,这里的人在主麻日(伊斯兰历的周日,即公历周五)去清真寺礼拜前,要采取沐浴、在身体上涂抹玫瑰香水或沉香香水、站在香炉上方熏涸的系列环节,效果则是周身芬氲浓烈,一路经行的地方会留香很久,半日不散。洗浴、擦香水还罢了,"又以小土炉烧沉、檀、俺八儿等香,立于其上,熏其衣、体",不仅女性,她们的阿拉伯汉子也一样,都会认真地站到香炉上方,连人带衣袍一起熏个香喷喷。友情提示,当时,半岛的男女在长袍下都不穿长裤,也没有内裤,如此一想,那场景便似乎有几分绮艳的意思了。之所以想起这则遥远往事,缘于我和一位闺友近日的一趟阿联酋短游。我们好奇地发现,在这个位于阿拉伯半岛一隅、面向波斯湾、与阿曼接壤的独特国家,仍然保持着日常焚香的习惯。行前买了一本导游读物《阿拉伯联合酋长国》,作者夫妇曾经作为外交官长驻阿联酋,有机会深入当地人的生活,如此介绍说:"阿联酋人还喜欢使用各种熏香料,特别是王室家族举行重大活动时,人们在客厅里用香料熏烟,并拿到客人身边,让客人用手把烟往自己怀里煽,有的阿拉伯妇女还打开黑袍把香料烟气煽到衣服当中,据说,这种香料还有消毒去病的功能。"看来,马欢所记述的生活方式历经六个世纪,在今日的阿拉伯半岛依然活力不退。大概就是因为现场点起香炉熏身上之衣的礼仪始终普遍,当地香店居然以"我家香品熏衣快"

来作为基本的推销手段。

我们这次短游包括阿布扎比与迪拜,两座城市中都不难发现经营伊斯兰传统香品的香店,店内有香精油、香水,也有沉香一类香料以及合香制品。店员向我们展示香料或合香时,都是先在六角形铜香炉里焚上一块炭墼,然后直接把样品放到炭上。我打听:你们不用隔火片的吗?——那是什么?没听说过。人家就是这么粗犷,于是烟浓香烈,店员君就鼓励我们用手撩烟到鼻前细嗅。接下来必有一个程序,那便是力劝我们把香炉放到衣襟下,同时夸耀:我们的产品熏衣特别好!这样放到衣服下面,一会儿就能染上香味!棉布衣服效果尤佳!你们试试,试试!每逢到这种"擎炉试熏衣"的场合,我就会想起马欢六百年前写下的那则迷人记载。

穿衣人就炉熏香的做法,应该并不止于阿拉伯半岛。英国学者休·肯尼迪(Hugh Kennedy)所著《当巴格达称雄之时》(When Baghdad Ruled the Muslim World)一书中即讲到,在阿拔斯王朝的后宫,每天晚上,七个美丽的女奴穿上浸透香水的华服,分别坐到一张座面带有镂孔的椅子上,椅下方安置一只熏炉,烟丝袅缈,将女奴们周体熏香,然后方可去为哈里发侍寝。如此说来,公元八至十三世纪,伊斯兰世界已然存在这样的用香方式。

更有趣的是,朋友王非告诉我,在一部印度电影《万诱宝鉴》中也展示有类似的风俗。据他说,这是一部宝莱坞式的古装风月片,演绎印度往昔宫廷里的痴缠情怨,片中,宫女玛雅应召为王子侍寝,当晚梳洗打扮完毕之后,分开两脚,站立在一只熏炉上方,任升烟潜袭裙底。由这一电影情节来看,炉内烧香,"立于其上,熏其衣、体"的做法,在印度的历史上也曾存在。

　　看来,自南亚至西亚的广大区域有种流行的用香风俗,是衣饰整齐的人站或坐到熏炉之上,静待片时,令身与衣皆得染香。类似的做法在古代中国不能说完全不存在,但绝非主流。我和闺友是波斯湾的匆匆过客,无缘深入当地人的生活,但是,在香店里"试香",让我们似乎约略接近了那一风情独具的"熏体"作风。有一次,我将香炉浓烈的烟缕撩向自己面前,接着清晰地闻到了凝在手掌上的烟痕的香息,十分鲜明,散着当地香品特有的肉欲韵味的冶艳。那一刻,我真的觉得自己掬住了一缕烟,通过鼻观,而非眼睛,感受到掌心里贴印着一抹烟迹,它如同水墨的墨晕,形状不定,蜿蜒如龙,并且很有耐心地停驻了一会,再悄悄失踪。

陈大康

明人的造假与买假

造假售假在明代后期是较普遍现象，当时不少笔记都有过描述。嘉靖名士叶权在《贤博编》中写道：卖杨梅的"用大棕刷弹墨染紫黑色"以次充好；卖鸡者替老母鸡"持毛擂长尾，假敦鸡卖之"；一条席子看上去光洁喜人，买回去用不多久就变得破烂不堪。售假者都是一旦银货易手，"转身即不认矣"。据叶权观察，"今时市中货物奸伪，两京为甚，此外无过苏州"，因为"都会往来多，客商可欺"，前面的受骗者不会长久驻留，而后来者又络绎不绝，售假者还怕没销路么？同为嘉靖时人的田汝成在《西湖游览志余》补充道，杭州也普遍存在诸如"酒掺灰、鸡塞沙、鹅羊吹气、鱼肉贯水、织作刷油粉"等造假情况，他愤愤地批评道："俗喜作伪，以邀利目前，不顾身后。"上述造假伎俩我们并不陌生，没想到的是它们竟有那么悠久的历史。

伪劣商品泛滥的势头很是凶猛，不甚关心生活琐事的秀才们也感受到侵袭的威胁，因为纸笔、书籍须得从市场上买来。嘉靖二十年会试第一名的陆树声是上海朱家角人，他的《清暑笔谈》写道，秀才们写字运笔时已无法得心应手，那些笔尽管仍是久享盛誉的名牌,却"用之则锋散而墨涨",没过多久就只好丢弃。开始时,读书人还以为这是制笔人偶尔的"鲁莽",后来才明白其中奥妙:粗制滥造不仅可减少工时,降低成本,更重要的是"易败而售速",用不多久就须得另买新笔,制笔业可不就兴旺发达了吗?至于买回的书籍也是伪劣商品,读书人心中别说有多窝囊了。明初印书用薄绵纸,有"气色超元匹宋"之美誉。从明中叶开始,纸质越来越劣,到万历时则如谢肇淛《五杂俎》所言,"至今日而丑恶极矣"。为了"取其易成而速售",书坊主又常故意用柔木雕板,印不多久字迹便开始模糊,但仍将它们与其他书页掺杂在一起装订成册。更为恶劣的是,翻刻畅销书时书名不变,目录卷数仍旧,刻印时却将每卷中内容删去若干,以节缩纸板。买到这样的书籍若不与原本校对,购书者还根本不知道已经受骗上当。

消费者都痛恨假货,可是从那些记载来看,有的只是对人心不古、世风浇薄的感慨,却未见有效制止的方案的提出,大家所能做的也只是尽可能提高警惕,也难怪万历时张应俞还专门写了本《杜骗新书》。不过也有这样一种情况:购买者本来就不在乎真假,造假者则是根据他们的需要而供货,这类货物中,最典型的就是家谱。

假家谱当时又称赝谱,它较多地出现在明末。其时欲海横流、道德沦丧,一些人为了眼前利益而将礼义廉耻等全都抛掷脑后,售假可谓是全面开花,赝谱也较多地出于此时。赝谱为何会购销两旺?陆容《菽园杂记》卷七中一则记载,可以帮助我们了解其中的特殊原因:常州有个孔姓暴发户,很遗憾自己没有高贵的血统。当听说太仓有个孔士学家境贫困,却是正宗的孔子五十五世孙时,他便去登门拜访，提出通谱的要求，即要求在家谱上加上他这一支孔姓人，这样他便可以堂而皇之地以孔子的嫡派子孙自居了。在那个暴发户看来，自己出银子，双方各得所需，完全是一桩公平交易，何乐不为？然而他碰上了一鼻子灰，穷却有骨气的孔士学愤怒地拒绝了要他出卖祖宗的建议。那暴发户并不死心，他耐心地等待着，当得知孔士学去世的消息，便再赴太仓，重提此事。也许是穷困所迫的缘故，孔士学的后人爱银子胜过爱祖宗，那个暴发户终于如愿以偿，只花了一船米的代价就把孔氏家谱买走了。陆容为成化间名臣，有"才高多识、雅德硕学"之誉，《菽园杂记》则被誉为明朝"记事书第一"。上述会使孔夫子九泉下辗转不安的故事发生在太仓，记录者陆容又是太仓人，其可靠性当属无疑。明成化年间，商业刚开始步入快速发展阶段，快速致富者毕竟还不多，想到用银子改变出身者似更少，然而当时这一偶然事件，却预示了一种趋势。

  到了百年后的万历朝，发达的商品经济造就了显赫的商人阶层。他们有的是大把的银子，生活起居一如钟鸣鼎食之家，通过交通官府，让子弟通过读书步入仕途等各种手段，也获取了不少政治权益，甚至凭银子也可买来学历与官爵。然而这些人没有显赫的世家背景，列不出高贵的谱系，为了弥补美中不足的缺憾，他们便急于寻觅血统高贵、门第显赫的祖宗，如果寻觅不到，就干脆用银子买一个回来。当然，要买到真的家谱并不那么容易，于是暴发户们退而求其次，买本假的也行，只要它看上去像是真的。市场出现了新的需求，自然就会有人来满足它。李诩《戒庵老人漫笔》卷七"赝谱"条中，就记载了假家谱买卖的事。那时有个叫袁铉的人寓居苏州，就曾一手交钱一手交货,为不少暴发户编造过赝谱。在那些假家谱中,被列为始祖的不是王侯就是将相,而且谱中历代的封谥诰敕以及名人的叙文一应俱全,不花大气力认真考证,几乎无法鉴别其真伪。眼见那些暴发户们一个个摇头摆尾地都成了天潢贵胄,这可把苏州的士绅们气坏了,他们联名向公堂控告袁铉,要求惩办。可是袁铉一没谋反,二没盗窃抢劫,那些富商巨贾购买赝谱事也不便深究,最后知府只是将其驱逐出境了事。

袁铉被赶出了苏州,但市场需求还在,后来事态的发展比袁铉时有过之而无不及。据明末松江人李延昰的《南吴旧话录》记载,当时有人开设了赝谱专卖店,地点就在苏州的阊门内天库前。业主招募了一些贫穷的读书人按着百家姓编制,"姓各一谱,谱各分支",列为始祖的都是历史上的皇亲贵戚或达官显宦。前来购买者一旦决定附认于哪一支,店铺中的雇员就当场填入购买者及其祖、父辈的姓名。那些家谱都是"贵显者则有画像,及名人题赞,无不毕具",为了使购买者能将它炫耀于人,店铺制作时还故意"以旧绢为之,成粉墨剥落,或字画糊涂,示为古迹",这些赝谱的价格一部要卖几十两银子呢。

有明一代到底造出了多少假家谱,现已无法得知,从当时人所批评的"圣贤之后,为小人妄冒以欺世者多矣"来看,数量应是比较可观。那些假家谱传入民间后,各姓的子孙每过几十年就会虔诚地重修一次,其方式、规格均与真家谱无异。于是今天拿到一本家谱的重修本,已无法判断其本源究竟如何,而且即使是明末袁铉等人的产品传至今日,那么经过四百多年的风风雨雨,当年的假家谱到了今日也早已成真文物了。自假家谱被奉迎回家起,其后又多次重修,在明末以降的时间段内,就其内容、价值与意义而言,实际上就是一本真家谱,但对于明代及明以前的内容,那就得谨慎从事,因为我们无法排除这样的可能,即面对的那本家谱,说不定恰好就是袁铉等人炮制物的衍生品。

辑三

李敬泽

有机村庄与点灯

在此之前,我不知道木垒。只听说过菜籽沟,新疆的一个山村,刘亮程在此落草为农。那天飞了半日,到了乌鲁木齐,问道:菜籽沟在哪里?答曰:在木垒。再问:木垒有多远?人家说,不远。好吧,这个不远的地方昨天开车跑了三百公里。

在菜籽沟,亮程办了一个木垒书院。我算是识得几个字的人,昨天一下车,就看见"木垒书院"四个字刻在门口的石头上,闲站在门口端详这几个字,看着看着,就觉得这个"垒"字不对,这个"垒"是个简体字。祖先造字原本是有道理的,比如这个"垒"字,繁体字中,应该是上面三个"田",田地的田,下面是"土"。木垒这个地方,它的意思是什么呢?是土地上,人们通过耕作和劳动开出的田,然后这片田上又长出了"木",生长着草木和作物。可叹后人怠懒,凡事图省事,现在那三个"田",就被那三个不知什么意思的"厶"代替了。

说起这个,是因为想到了我们的木垒菜籽沟文学艺术奖。今天,贾平凹老师获奖。乡村里有养鸡专业户,有养羊专业户,有种菜专业户,平凹老师是获奖专业户。我呢,我是评奖和授奖专业户,评了很多各种各样的文学奖。昨天晚上,有朋友问我,说我们这个奖,在中国算一个什么样的奖呢?我喝了几杯酒,管不住舌头,一张嘴就说这个就是中国最高的文学艺术奖。朋友们听了很高兴,当然,他们也知道,我是在借酒胡说。但是,后来看着"木垒"两个字,我忽然想到,这个菜籽沟奖,它其实是中国最低的文学艺术奖。它低到了泥里土里,低到了田地上,低到了村庄里,它就是这样的一个奖。

这泥土,这田地,这村庄,是我们所有人的故乡,是中国文明得以生长存活的真正的土壤。

我记得钱穆先生曾经把中国文明和古罗马文明相比较,他说罗马文明也很伟大,辉煌宏阔,但是,罗马文明就好比是一盏巨大的灯,只有一盏,就在罗马,只有这么一盏巨灯照耀着广大的帝国。钱穆先生说,中国文明不一样,中国文明不是只有一盏灯,中国文明是四壁皆灯、满堂皆灯。我们这片大地上星星点点,密布着文明的灯火。所以,钱穆先生说,中国文明气运绵长,有顽强的生命力。当蛮族入侵,打破罗马,铁蹄把那盏巨灯踏灭,罗马文明就垮了,就终结了。而中国文明,五千年来,几经危难,向死而复生,为什么?就是因为,我们不是只有那一盏灯,我们的大地上到处都是灯,长安的灯灭了,洛阳、汴梁的灯灭了,但灯还在,还亮着,星星之火,可以燎原,我们的文明打不垮,灭不掉,生生不息。

这个地方名叫菜籽沟,是天山余脉的一条山沟,据说当年逃难的人们躲到此地,定居生息,种了漫山遍野的油菜,由此得名"菜籽",这是很家常、很平易的一个名字。在佛经中,形容事物的极微极小,常用的一个比喻就是"芥子",芥子之微啊,不能再小了。这个芥子也是菜籽,我们的这个菜籽,而且是沟,也正是芥子之微。但是,佛经中还有一个说法,就是,以须弥之高广,纳芥子中,无所增减。须弥就是世界之大,一枚芥子中,可以包容大千世界。我想,钱穆先生所说的中国之灯,也就在这芥子之中。在古中国,很多很多的村庄就是这样明亮的芥子,它不仅是生活场域,不仅是经济聚落,它还是文化保存、传承和生长的地方。

问题是,这样的芥子,它现在是不是还活着,它还是一盏灯吗?

我想,大家心里是明白的,一个一个的村庄正在塌陷,文化的灯次第熄灭。现在大家都要吃有机食品,但村庄正在变成无机的村庄,它的功能越来越单一,它是世界大棚里的植物、世界工厂的一个偏僻部门,它装不下须弥,它自身也不能发光,它完全笼罩在"北上广"的灯光下,正在失去它的公共生活、失去自己的记忆,也没有自己的想象。

在这种情况下,想起钱穆先生的话,难免有黍离麦秀、铜驼荆棘之感。昨天亮程带着我们在村里四处闲逛,他告诉我,这里原来有个庙,那里原来有个庙。当然,现在都没有了,神祇远去的村庄。或者说,庙变成了家家屋里的电视,诸神住在电视机里。

文人的感慨苍白无力。我也不过是感慨几句,然后坐上飞机,一飞十万八千里,按下云头,就是巨灯所在的北京。但是,好在还有亮程这样的人,他在菜籽沟,让乌鲁木齐的家荒着、鱼缸里的鱼饿死,他在这里种地、办书院,天天和老乡打交道、喝小酒,他甚至想把消失的庙重新盖起来,他还把画家、摄影家、诗人带到这里,他还办了一个菜籽沟奖。

这样的事意义何在,我看不清楚,看不到它的深处。但是至少,我以为，它可能使一个村庄重新成为一个有机村庄，成为与外界发生文化交换的有机体，一个活的、有文化生命的地方。在古时，一个村庄之所以成为一盏灯，很重要的原因就在于，它和外界、和中原、和帝都存在有效的文化交换，一个读书人，从这个村里走出去，走得天远地远，但最终，他会回来的，他要携带着一份增值的文化资本回到家乡。这曾经是一种自然的文化循环，就像叶落归根。但现代以来，这个循环被切断了，远处的巨灯召唤着，游子一去不复返，村庄承受单向的、无休止的流失，村庄成为出发之地，而非安居之地。

我们现在面对的，是中国现代性的一个根本命题，一个我们以为是无解的难题。菜籽沟是不是一种解法？我不知道。中国有无数菜籽沟，却没有无数的刘亮程。但是，这个难题恐怕也没有总体性的解决方案，过度迷恋总体性，总想着一副药下去起死回生，这是书斋综合症，得了这个病，人就只会高谈阔论，无法采取任何行动。现在，刘亮程挽起袖子，干起来，摸着石头过河，过得去过不去先迈开腿再说，这本身就是努力地在点一盏灯。他写过《一个人的村庄》，他现在正在写"一个村庄的灯"，未必是写在纸上，而是写在田地里、村庄里。

这里是菜籽沟，小如芥子，中国不在别处，就在此处。照此说来，这个奖是菜籽沟的，是中国的，是最低的，其实也是最高的。

何立伟

无目的,亦无目的地的行走

有朋友在微信里约:去东北好不好?答曰:好好好。又朋友街头遇见,说起邀伴出游,"到土耳其怎么样?"答曰:好好好。又那日同匡国泰张卫在好友罗奇处宵夜,罗奇说呆在长沙冒卵味,出去玩啵?答曰好好好。罗奇说,好什么好,要走立刻就走!二日天一亮,一台陆地巡洋舰,栋栋地就坐了我们几个,径直奔雪峰山去。当年打日本,王耀武的司令部在山脚下,指挥雪峰山战役,歼敌三万余,为抗日战争最后一场会战,硝烟尽散去,旧址依然在,墙外一层黄泥斑驳,仍露出底子是青天白日旗,国破山河在。凭吊之后找到一农家,吃走地鸡、腊肉、油菜薹,又喝自酿谷酒,一嘴油沥沥,拍两百块钱到桌上。农家朝后退,摇手,鼓眼,说,不要这么多,不要这么多!又走,无目的,亦无目的地,便是最自在的行脚。车开出一山坳,田地如手掌般摊开,是一种辽阔的迎迓。远山且淡淡,亦如细语呼喊。于是罗奇,就把膝盖一拍,说:直接往西藏开算了!这厮便是如此,脑壳一热,想干什么就干什么,八头骡子也拖他不住。有回他同学生日,他跐双拖鞋去赴宴,吃完走出酒店大门,想,过几日老子也是生日,就这样酒肉一顿，嘻哈一顿，很是无趣。就朝身边司机小王说，走，上车，往高速路开！小王问，去哪？答曰：上了高速再说。于是上了，小王问，老板，到底要到哪里去？答曰：往西藏开！小王笑得难看，说，老板，你还是穿的拖鞋，再说我没带银行卡，现金只有两三千——话未说完，他罗奇说，打电话，叫公司姜会计把钱打到卡上，再特快专递寄到成都。慌什么慌，先往成都开。到了川地，拿到银行卡，遂添了旅游鞋、冲锋服，并一应用品，果然就去了西藏，游了一个月才回来，面如关公。生日是在布达拉宫脚下过的，一餐吃了一斤半青稞酒，与小饭店藏族老板称兄道弟，勾肩搭背照了相，一脸好似高原红。所以他这一说要直接往西藏开，并不是玩笑。但我们几位都有事，出来玩也只作了十天左右的划算，往西藏去，这点时间来回跑路都不够，怎么玩？我遂极力打消他的冲动，说了一堆磅礴的真理，旁边两位亦帮腔，刚开始他还硬着颈根说非去不可，到后来，真理淹没了他，他也明白少数要服从多数的规则，遂哑默下来。刚才在农家他吃了差不多一斤谷酒，上了车又吃了半茶缸自带的茅台，他脑壳发热，显是酒精的作用。说了几句话之后他舌头就大了。我说你还是先到后头躺一阵，做梦也可以做到西藏去。他猫腰，从副驾驶位钻到后排去，终于躺下，那是他说的"卧铺"，垫了薄薄毛毯。在吹鼾之前呢喃了一句话，大家都听清了：去西藏几多好，车都是往云朵里头开。

虽然没按他的拍脑壳冲动去西藏，这趟雪峰山之行也还是蛮快活。后备箱里一箱半茅台，被他一路吹了个精光，大着舌头吼：哦呀几多好，往山里头开，往山里头开，找个农家去吃走地鸡、腊麂子！清晨，满山乳白浓雾，我们在雾里走，递烟，递声音，人生此刻盲目，然而亢奋。夜里,星子如石榴籽,一颗一颗掉在酒杯里,风凉凉的,蟋蟀在灶屋壁角唱夜歌,一句一句,解释古久的风月。

这便是我们人生的节目,说声往哪里去,拍屁股就走人。

因此凡有朋友邀约出游,我第一的反应就是好好好。其实旅行对我来说就是一种名义好听的逃避。逃避什么呢?日常莫名的压力同无法释怀的焦虑。青山绿水,或异域风情,是生命最速效的解毒剂。服了,就神清气爽,当风而立。

旅行当然要找到好地方,但是更要找到好旅伴。人有生气,江山便有生气,人无意味,江山亦无意味。有几回到好地方,回来人问,怎么样?答曰:不怎么样。原因就是去的人里头,有至为无趣者。此人将无趣传染给大家,亦顺便灭掉了风景。此处我也不打算下回再来,再来,勾起回忆,亦是不快。纵是名胜依山,风流伴水,也枉然。

比方罗奇一类角色就是好玩的旅伴。出行,随便定个大概的地方,这一路便是如苏东坡所说的行于所当行,止于不得不止。消消停停,随遇而安,条条道路皆走得,故多意外。那年我们去云南,开了两台车,到一山上,已无行路,遂下车,进到寨子,原来是一寨子的傈僳族。见到一小学,小孩子跑出来,男男女女,一脸锅黑,但眉目好看。大热天,有小男孩竟戴了大皮帽,亦有不少小孩子,穿过膝长的衣服,红的红,绿的绿,显是接了哥哥姐姐或大人的穿,如要演出,穿了戏装。我们拿相机来拍照,孩子起哄,雀噪一片,老师说:排队!排队!就挤挤地排成队,探头探脑似杂花生树。后来老师说,他们长这么大,从来没有照过相。照完了,相机连接到手提电脑,呈现给他们看,他们笑而且叫,看见了自己,像被烫着,呼地朝后跳。老师又说,他们长这么大，从来没看见过电脑。老师是在昆明读的师范，吃国家粮，后来就当了我们的导游，在寨子里四处转。转之前，罗奇问老师，这附近有商店没有。老师说，只有一个小卖部。就跑到小卖部，买下所有的糖果、饼干、一切吃食及文具，甚至连高压锅也买下来，就是说，把整个小卖部买空了，我们捧着，让老师叫小学生排队，一一分发。然而不够。又问老师，还有哪里有小卖部，老师指了山脚下，这里，那里。于是我们又开车下山，这里那里把方圆十几里的三个小卖部的东西买个精光，送给学校，让老师分发。接着呢，我们各人认领两个低年级的孩子，每个学期负责他们的学费，直到小学毕业。

之后我们在寨子里走，孩子们就跟在我们屁股后头，这是他们的节日。我喜欢那个皮帽子，一直就牵了他汗津津的手。

老师带我们到队长家吃饭，一只大鼎锅，墨黑，锅里煮了什么，看不清，亦是墨黑。队长说，好了，吃！筷子夹出来的东西，黑黑的认不出，扔进嘴里，怪怪地香。想必是肉。上头沾了树叶，必定是香料。罗奇把茅台倒进陶碗里，与队长碰碗，队长仰头喝光，脸如树皮，在暗暗的堂屋里闪着绿光。饭后我们坐在木晒台上，看群山青青蒙蒙，云在树顶上走。这时候世界皆在山外头了。我也喝了点酒，头有些晕乎，正好，日子只须醉眼看。

范小青

南来北往都是客

2008年春节前,遇上了多少年未遇的大寒天气,向来温和的苏州城竟然也大雪纷飞冰冻三尺,就是那样的一个日子,我要到南京去工作了。

城里的街路已经完全堵塞封闭,我先生开车送我去火车站,车子开到一半,开不了了,雨雪纷纷地下着,地面结冰打滑,似乎是老天在试探我,考验我,往前走,还是向后转。

做了过河卒子,只能拼命向前。

于是,将车子停在路边,上了一辆人力三轮车,小小的车上,坐了两个人,还加上携带到南京去生活的那许多行李。三轮车顶着风雪,艰难地行驶在冰冻的街面上,我这儿还有心情撩开那破旧的门帘朝外张望,顿时冷风灌进来,冻得直打哆嗦,这可真是命运给我的一个下马威。

哼,一个在苏州生活了近半个世纪的苏州人,到了这把年纪,还想到南京去蹚那里的江湖,先给你点颜色看看。

只是我这个人,虽不是色盲,却也可以是色盲,如果看到的颜色不好看,我也可以只当作没看见。

于是我闭了闭眼睛,就顶着风雪到南京去了。

后来在南京的漫长的日子里,最最给我安慰的就是我所住之处的大门口旁边不远处,有一扇绿色的小门,门很窄,大约只有八十公分,小小的门,载着我的乡愁,它抚慰着一个孤独的异乡人的孤独的灵魂,那就是我至今想起来都会倍感温馨的地方——火车票预售处。

到了逢年过节时,这里会排起长长的队伍,我也就是队伍中的一员,等待的焦虑,被回家的幸福击得一败涂地,所以再长的队伍,我也会挤进去的,这时候,一向急性子的我,会变得很有耐心。

曾经许多人都奇怪我的行为,我工作的单位,有行政办公室,可以为大家订各种车票机票,一个电话就能解决问题,票还能送上门来,再说了,后来网络订票也已十分成熟,为什么我偏偏要自己排队去买票呢,很好玩吗?

虽然不很好玩,但是很有意思——对他人来说也许完全没有意义,对我而言,却是心灵深处的一种渴望,一点小小的微弱的甚至是可怜的"神经"需求,就不要被那一点点的"权力"和小小的"便利"剥夺了吧。

记得刚到南京的那些日子,十分的不适应,每天早晨醒来,首先要想一想自己身在何处,等想清楚了这是在一个不是家的家里,顿时心情就变得不那么美好,又何况,起床出门以后,需要面对的是和苏州文化差别蛮大的另一种文化。

那时候有位作家兼书画家的人才画了一幅画送给我,一个背对画面席地而坐的老和尚,老和尚面对一轮红日。看着和尚的光脑袋和那一轮红日,我自然是悟不透的,但是他题了"梦里不知身是客,一晌贪欢",算是十分符合当时的我的心境和情绪。

好了,不说苏州的小资了。苏州人其实没有那么矫情。

就这样,一个苏州人,成了一个南京客。南京好啊,南京才大派呢,南京才厚重呢,那可是曾经的帝都啊。

不信你到南京明孝陵那地方去走一走,遇不见皇帝,也能感受到皇气;不信你攀爬339级台阶上中山陵登顶极目,那就是站得高看得远啊。

仅仅说了一两个陵,就拔着南京往高大上去了。

有事情来了,无论事情轻重大小,南京人潇洒地说:"切,多大个事啊。"

这可把苏州人吓坏了,苏州人紧张兮兮地说:"喔哟哟,勿得了哉,豁边哉。"

感觉苏州人就那么的不经事,就那么的懦弱胆小,这等于就是来吹捧我的客乡了。

其实,也不一定哦。

呆在南京的日子长了,我有时候会以为我就是南京人了,和远方的朋友通信的时候,会顺便说一句,欢迎来南京走一走,看一看。等到人家真的来了,说,好吧,找个清静雅致的园林喝茶去吧。

我又以为我还是在苏州呢。在苏州,随便的一个日子里,约两三好友,到街上随便走走,就走到了园林。苏州园林真多,在小巷的深处,在街边的角落,在平常人家的隔壁,园林几乎就是苏州百姓家的窗景、壁画。

我不会说拙政园，留园，沧浪亭这样的名园，我只说我们随便一走就能走到的那些个默默无闻的遍布街巷的小园，耦园、可园、曲园、半园、朴园、柴园、听枫园……喔哟哟，简直如数家珍，当成自家的了。

最小的一个园叫残粒园，140平米，还不抵现在一个普通人家的公寓面积呢，却有假山，石洞，池水，齐的。到残粒园去坐一坐吧，除了自己，别无他人，真是清谈闲聊的好去处。

可是南京难道没有园林吗？有呀，玄武湖，那可是好大的一个园，计有500多公顷，相当于苏州小园的无数无数倍，两三文人晃荡进去，如同蚂蚁般，要用放大镜才能照出影子来了。

还有白鹭洲，听着就诗意，听着就让人思春怀秋，可那也大呀，那是南京城南一带最大的公园，如果算上紧邻着的夫子庙秦淮风光带，堂皇多少平方公里，差不多抵上一个小城市，恐怕已经不能用"园"来称呼了。

那地方的日均人流量，据说能达到数十万之多。

那弱不禁风的两三文人，又不知被挤到哪个旮旯里去了，什么低吟浅唱，什么风花雪月，休也休也。

不是说南京就没有小园林，但南京毕竟不是以小园著称的嘛。

又说现如今人人健身，许多南京朋友在微信晒出来的步数，一万步，两万步，甚至更多的万步，这多到令人恐怖的步子，许多都是在玄武湖周围踏出来的，你若是到苏州小园去散如此大规模的步，踩着细小圆滑的鹅卵石，围着小亭子小池子打转，你说那是在健身吗，真心不像。

那么到底是小好呢，还是大好呢。谁知道呢。

想说的是,大也好,小也好,你适应就好;南也好,北也好,你喜欢就好。

我喜欢的东西挺多,其中那一个"吃"字,硬是少不得的,经常会无端地馋得咽唾沫。在微信的海洋里,我基本上是个躲在阴暗角落里的窥探者,但是只要有吃的东西出现了,我会忍不住冒泡的,至少要用出一个流口水的表情,他们说那个表情是代表"色",对了呀,就是好"色"嘛。当然,除了"色",还有"香"还有"味"呢,只可惜表情中没有提供更丰富更多项的选择。

于是又有了双城的比较。

苏州的吃,那个讲究,那个精致,那个什么什么,我都无法说得齐全,记得传说中有一个菜叫绿豆芽嵌鸡丝。要在很细很细的绿豆芽中再嵌入鸡丝,说弄这样的菜是吃饱了撑的,这话在理,有闲阶级嘛,不弄干嘛呢。不过其实,即便是苏州寻常百姓的家常便饭,也是很考究的。不像有的地方拿七八十来种的菜放在一个锅子里煮,也不像有的地方拿个馍掰碎了泡汤,就算一顿正餐了,苏州的小老百姓即使炒一个蔬菜,也要炒得油汪汪绿生生,叫人看着就好,别说吃了。至于什么菜该红烧,放酱油再加糖,什么菜该生炒,放盐加味精,什么菜是清蒸的鲜,什么菜是水煮的香,什么菜放粉着腻更入味,都是很有讲究的。

相比之下,南京的日常饭菜,没那么复杂,也没那么讲究。我在南京,有苏州朋友来了,请他们到南京的小饭店一聚,结果相当不满意,说:"这种菜也叫菜吗?"或者说:"你就请我们吃这样的东西吗?"苏州人的嘴巴真是刁,简直让我无地自容,好像我把南京的好东西藏起来没给他们享用似的，其实哪里会呢。南京的吃，就是这一番风格，一个豆腐鱼头汤，做得又咸又浓，不像苏州人的鱼头汤，要用温火熬上多少时间，达到鲜而不腥，清而不淡的境界。有一位领导兼朋友，和我一样，苏州人，到南京工作，一个人吃在南京的食堂，想念那个苏州菜呀，春天的时候她先生托人从苏州捎带来一些时鲜的菜苋，交给单位的食堂，请大师傅做一个清炒菜苋。这菜可是再普通不过了，原材料就是青菜在那个时节长出来的正要开花而未开或者已经开了一点点花的嫩枝。那一整个下午，心情都比往日要欢快得多，终于到了晚饭时，却没有看见馋涎欲滴的菜苋，怎不着急，但见大师傅指着一盆菜说，这就是菜苋。天哪，师傅把嫩枝掐掉了，留下了粗梗，又加入豆腐干，还用淀粉着了腻，一道本应该碧绿生青的鲜美清爽的菜，就整成了一个黑不溜秋的糊糊。

呵呵。无语。

可是南京也有让苏州人赞叹不已的菜，就说一个鸭子吧。盐水鸭，你不承认吗，你苏州菜再怎么精美，你那鸭子就做不出南京鸭子的味儿和范儿。

再往下说，南京人能够把鸭子做得那么好吃，同时又能把面条做得那么难吃，这实在是有本事，实在是让我佩服得五体投地，而又十分的疑惑不解，为什么在南京的菜市场里买的生面，回家去简单地糊弄一下，也能下出一碗有筋骨有温度的好面条，而在南京的任何一家饭店，就从来没有吃出过面的意思，那基本上就是一撮淡而无味的粘牙的糊状物。

是否和南京人的大大咧咧的性格有关呢？做得好就做得好，做不好就做不好,多大个事;好吃就好吃,不好吃就不好吃,多大个事。

南京人真的很潇洒。

南京人不仅潇洒,南京人还散淡。

一般"散淡"这两字,应该用在苏州人身上的,可其实南京人才是真正的散淡呢。我的同事到某处去开展工作,要挂两块牌子,先到一处挂了一块,等到了那第二处,才发现第二块牌子根本就没带上,或者原本是带着的,后来不知怎么搞没了,反正到了那第二现场,该挂牌子了,却没牌可挂,怎么办呢,没事没事,好办好办,这边厢大家先等着歇着,喝喝茶,聊聊天,派人到头一家挂的那里,把那一块先借过来用用,完全可以,无甚大碍,小碍也不碍,工作就这样皆大欢喜地搞定了。多大个事。

但是苏州人碰到这样的事情,肯定很着急,他们慌慌张张地说:"喔哟哟,勿得了哉,出大事体哉!"

你看看,其实苏州人才是计较的,苏州人表现出散淡,小扇子一摇,小茶壶一捧,他们骨子里却是执著而较真的。

苏州人的散淡只是外在的表现吧,或者说,该散淡的时候散淡,不该散淡的时候决不散淡?

苏州和南京,有得说头呢,可苏州人是认真的,规定写多少字就写多少字,不得逾越;而南京人呢,是散淡的,写了这么多,大差不差了,可以交差了——瞧瞧,我是不是把苏州人和南京人结合起来了。

我的在两个城市间一并展开的生活和工作,八年呵,似乎那么的漫长,又似乎眨眼就过去了,往来穿梭于苏州和南京两座城市之间,那种匆匆忙忙赶火车的利索的形象,那种高速公路呼啸而过的潇洒的气派,可像个朝气蓬勃的女汉子？ 嘿嘿,只是时间的风霜雪雨,人生的刀剑棍棒,早已将朝气毫不留情地磨成了"嘿嘿",蓬的是头还有垢的面,勃勃的生机也在时空的穿梭中迅速远去,不知不觉,老,它老人家已经来了。

来就来吧,没什么好计较的,至少我用这八年的时间,加深了对两座城市的热爱,沉淀了对两座城市的感情,还比较了两座城市的某些差别,还知道了两座城市的某些秘密——总之,最后要坦白的是,我这篇文章的题目,是从我的一个短篇小说的题目中改造过来的,那个小说叫《南来北往谁是客》,这篇文章改为《南来北往都是客》。

苏州人,南京人,都是这个世界的客人呵。

恺蒂

我们的夏日海滨

中国有一种说法叫"苦夏",没有经历过华东地区蒸笼桑拿般闷热的夏天,是不会知道"苦夏"的意思的。

英国人不知道,南非人也不知道。

夏天的英国最美妙最迷人,六、七、八那三个月长长的夏日,茂盛的树叶浓翠欲滴,黄昏时街边酒吧外站满了刚下班的人,一杯冰凉的白葡萄酒或杜松子酒,夏日让说笑调侃交朋友都那么容易。孩子们在公园里玩耍,滑板车飞快驶过。南非的夏天更不用说了,那是以第一次和最后一次能在家中泳池里游泳来计算的,从当年十月一直持续到次年四月。开普敦是地中海气候,冬雨绵绵惹人心烦,夏季干爽最让人心怡。约堡则是典型的非洲大陆气候,冬天是旱季,三四个月是永久性蓝天,夏季午后多雷暴雨,我女儿常说,她最喜欢的味道,就是约堡雷暴雨将要来临之前空气的味道。

上海闷热的夏日是折磨,英国和南非的夏日却是享受。过去的十几年中,我们很幸运。女儿出生后不久的圣诞,我们从英国搬往南非,记得出发那天,伦敦刚下过一场大雪,家门口白塔山公园一片白皑皑,飞机的那一头就是开普敦明媚的阳光和白细的沙滩。在南非的那十多年,七月八月冬季时,我们基本上都回北半球,所以,与刚满十四岁的女儿数数她至今经历的二十八个冬夏,夏天竟占了二十五个!

当然,这二十五个夏天假日,每次都必须有一档沙滩海滨的节目。还记得她四个月大时第一次抱着让她去踩南非海边的白沙滩,她的小脚直往上缩,硬是不愿去碰。我当时还想:咻,这是个不爱沙不爱海的孩子,怎么办?后来才知道我有多错。

当然,女儿的海滨记忆,大多数在南部非洲,从开普敦一路往东朝北,直到莫桑比克毛里求斯,从寒冷的大西洋到温暖的印度洋,都有我家的足迹。孩子们小的时候,挖沙最开心。可以一遍又一遍堆起沙堡再推掉重来;可以花一两个小时从水中抓沙子再让沙子从手指缝中流走;他们也喜欢在沙滩上被埋或埋人,然后如僵尸般挣扎着复活;或在高高的沙丘上奔跑、翻滚、跳跃。随着年龄渐长,挖沙就不够刺激了,孩子们爱上了海浪。非洲海岸浪高风急,波涛汹涌,许多旅游地都在海里筑出堤坝,围出一个海中游泳池,专供小孩子玩耍。记得女儿第一次领略到海浪的速度,是她两岁半时,抓着她的小手站在泳池的围堤之外,她突然惊讶地发现后浪涌过前浪之后,脚下的海水带着沙子那么快速往海中退,不一会儿,她的双脚已经深陷在流沙之中,从那以后,围堤之内的泳池就不过瘾了,一定要去海浪里跳跳。

等孩子们六七岁时,趴板冲浪就成为他们最喜欢的运动。这种冲浪不是站在细长的冲浪板上,而是趴在稍短且宽的板上,老少皆宜,连我这个不爱运动的人都会上瘾。冲浪板乘着浪尖往前飞,快到岸边时再加上海水带沙快速倒退的速度,那种双倍的神速真是很刺激。大西洋的海水往往只有十四五度，手脚进去就会疼得刺骨，当然，再泡下去，麻木了，也就没有感觉了。进这样的海水中游泳，全家必备潜水服。身体保暖了，但手脚仍露在外面。大人进水最多二十分钟就得撤退，孩子们却常常在海中呆上一两个小时，最后上来时，因为双手一直握着冲浪板，手指头都是弯曲的，要暖和许久之后才能伸直。

欧洲的海浪比不过非洲。英国康沃尔郡德文郡北部的沿海也有海浪，但进去玩过之后，立即就能感觉到这里的海浪明显没有非洲海浪的力度和速度。然而，在风平浪静的地中海，我们爱上了夏日海滨的另一种玩法，那就是开船出海。前年在意大利的撒丁岛，小朋友们第一次尝到坐着游艇出海的乐趣，那次在船上住了两个星期，并将船从意大利的撒丁岛一直开到法国的科西嘉。今年去土耳其的爱琴海边度假，住处也带着一条小游艇，我们从土耳其将船开到希腊的两个小岛。

当然，开船出海，目的地并不重要，重要的是海上的经验。孩子们喜欢坐在船头，乘风破浪前进，速度快时溅起的海水把全身都打湿才惬意。我喜欢从船上看海岸线进入视线，整个地理版图与从路上看海正好相反。前年博那法乔高大陡峭的白色石灰岩崖壁出现在眼前时的戏剧性，今年无意间发现希腊小岛如世外桃源般的海边小渔村，那份惊喜是按图索骥到达目的地所无法体验的。更不用说沿途经过的那些没有陆路可通的无人居住小海湾了，抛锚停船，小朋友们喜欢从船上往海里跳，无数遍后才能过瘾。然后就是全家从停船的深水处游泳到岸上，看着蓝色海水下逐渐出现海底，看到水草沙石逐渐清晰,还有鱼。可惜地中海没有珊瑚礁,这里的鱼也不是五彩缤纷的热带鱼,大多是灰白色,最鲜艳的是蓝色或身上有鲜艳黄条子的鱼,所以,地中海并不是浮潜的好去处。但与鱼一起游泳,那种自由、那种融入,已经很让人满足了。我最喜欢遇到一群群小鱼,银色的,蓝色的,在水中反射着阳光,闪闪发亮,几百条一起,在海水中如同一阵风般飘过,在你的身边穿梭着,碰到你的腿或手臂,让你真觉得自己成了大海的一部分。

这样边走边停边玩,晚上就找个避风的港湾投锚住下,黄昏时坐在船顶看海上日落,夜半看群星在头顶闪烁,唯一的声音是海水拍打着船身。还有,我家的规矩,上船出海是不能带电子玩具的。在没有选择的情况下,跳水游泳看鱼之余,两副扑克牌、几本书、一叠纸和两支笔,也能满足孩子们的娱乐要求。孩子们不停地说着废话,唱着不成调记不住词的歌,瞎编一通情节不严谨道理讲不通的故事。所有这些我们小时候熟悉但在网络时代全部消失的成长记忆,在地中海无名小海湾停泊的船上,又都回来了。

但无论爱琴海地中海多蓝多清澈多迷人,若让孩子们评价海边假日,那南非肯定还是排第一。去年十二月,离开南非两年半后再回去过夏天,南非的海浪和咸咸的牛肉干就是度假的最高境界。那个假期的最后一天,海浪像为我们送别,汹涌澎湃而来,上岸之前的最后一浪,竟能高达两三米。那天风也大,从岸上往水上吹,海浪与迎面的海风相遇,高高的浪尖被吹回去,如同无数匹骏马在长啸。那气势让人震撼,真如同《指环王》中精灵阿尔温在喧水河念诵咒语,将河水变成击退戒灵的千匹骏马。那般神奇,没有言语可以表达了。

边　芹

玫 瑰 湖

　　我曾在巴黎七区一栋布尔乔亚上层聚集的老楼住过几年，楼高六层，顶层是佣人间，佣人间的特点是洗浴和排泄都是公用空间。区分大布尔乔亚公寓和小布尔乔亚套房的标志，就是佣人有没有专用空间，所谓"专用"，其实是与主人隔离，从大堂进去环抱老式橡木电梯、铺着红地毯、一溜锃亮黄铜扶手的旋转楼梯，佣人是不走的。我住在二层，每层两户。我没有仆人，扔垃圾只得自己借道厨房通向内院的佣人楼梯，就这样时常撞见对门的黑女佣。

　　这女人长足长臂、丰胸高臀，配着一张全力向外奔突随时随地在赌气的脸。那些扩张的、每个拐角都超出正常比例的线条，让人感到生之本能最强烈的就是这种族，生是纯粹的生，不带花招的，生物般的直线和执拗。四十到六十岁的黑女人时常让人辨不出年龄，同一年龄段的白种女人越是浅眼淡发的北方种，越是被时间出卖，好像到哪里都有公平买卖。大概都是有色人种吧，虽是在狭窄的佣人楼梯上撞面，一回生二回也就熟了。她告诉我自己叫阿碧，塞内加尔人。我问她怎么不带一点口音，她说十二岁就跟了汉娜，我这时才知道那个时常被她用轮椅推到三月广场晒太阳的老夫人叫汉娜。

有一天，我出了电梯，就见她从厚重的两扇门里伸出头，朝我招手。我就这么进了汉娜的寓所。女主人进了医院，中风后厌食加躁郁，阿碧回来取东西，叫我进去坐一会，用薄胎金边瓷杯泡了茶，俨然是房子的主人。放在错金桃花心木细足茶几上的粉彩茶壶居然是清咸丰年的御制。这套房比我那套大得多，朝向也好，雕梁画栋，衰败了都有一股子褪不掉的雍容华贵。客厅有两进，似连又分，一边是波旁王朝的遗风，那几件嵌金镶银的扶手椅和立柜让人明白十八世纪以后精细到世间好像没有尽头的手工就逃离了人间；一边是线条少到一个细节都拿不掉的明代家具，掺杂着螺钿镶嵌屏风、雕漆花几，一尊铜制鎏金的佛像边上摆着象牙雕的挂在十字架上的耶稣，一个满面遁世的宁静，一个一脸逃不掉的苦痛。墙上有两帧中国古代工笔画，一幅仕女赏花，一幅江翁垂钓，丝绢都已泛出淡淡的酱色，与大大小小、错落有致占了大半墙体的西洋肖像画，另构成了意味无比的画幅，仿佛千年文明的拥有者和偷窃者跨越时境的幽会。

女主人就在那一群像的中间，栗色盘起的头发，下巴微微抬起，灰绿色大眼睛略微朝下，似在注视画面外一件匍匐在她脚下的东西。挺直的上身着一件绿绸碎花衬衫，花式是六十年代殖民地上等白人爱穿的带一点土著"拙"味的纹样。已经没有什么能将画像上的女人与轮椅上的老太太勾连在一起了，除了纹丝不乱的头发和一脸聪明女人的面具——傲慢，只有那玩意拒绝了时间的俘获。时间的角色时常是在这时候演到极致的，让人觉得什么都不需要再加再减，客串的全都不必，就让它独自演到底，就是那出叫"人生"的戏。

画像外面的人第一问题就是：她在看什么呢？她的左上角是一幅大肖像画，贴金水波纹画框下方有一行字：西非远征军少将阿尔诺·德维利埃。"汉娜的曾祖。"阿碧指点着。右下角画着一个红发钩鼻、持猎枪站立的男人，一头被击中的母狮的头颅露出画像的一角。狩猎者是汉娜的丈夫盐业大亨菲利浦。在她的左侧彩色忽然消失了，突兀地挂着一帧素框黑白照片，仿佛那个浓彩重墨的时代慢慢地褪了颜色，所有攀附其上的力量一点点松弛，露出本色。那是个头发如风中蓬草的年轻人，敞着像是军服的衬衫领口，坐在独木舟上，手松开桨，回眸朝着镜头微笑。照片右下角有四个阿拉伯数字：1973。

镜头外面的那个人是谁呢？阿碧匆匆要走，我也就像刚浏览了一出人生剧的演员表，便离了场。

幕布这一拉上便是许久，直到一个暴雨的晚上，阿碧敲门，旋风似的转进来，嘴上嘟囔着："这女人疯了！"见过汉娜那张肖像画的我，几乎无须她再补充什么，便想象出了场景。那是主人再也撑不起主人的架子感觉却丝毫不肯收缩、仆人反仆为主却不知如何向主人宣布的时刻。如果是人生，那是最后一个转折点；如果是历史，那是一个章节的结束，百年或千年的。

听下来，疯倒是没疯，只是越作死，死亡越是逃得远远的，好似那无所不能的"债主"要惩罚她活下去，毫无目的地活下去。

汉娜的故事看上去会有很多种收尾，"债主"你是左右不了的。然而不管情节怎么变化，收尾的那条线是早就埋下了，人生的骰子翻滚起来无拘无束，却逃不出早就刻印在上面的命数，只是数字大小的问题,有的人从大数字到小数字跌宕起伏。我依稀感觉1973年是个转折点。

其后的日子,对面有了两个变化:汉娜没有再被轮椅推出来;佣人楼梯上多了一个非裔男人的身影,人高马大,比阿碧略显年轻。我后来知道,那是阿碧的第二任丈夫马加布,来做帮手的,汉娜已沉卧不起。

自与汉娜作了邻居,我这是头一次看见对面又住进一个人。身上带着洋葱味的马加布也很难让人不留意,尽管是从内院佣人楼梯上来,但那一身膘肉不光跟衣衫搏斗着要冲出来,连他脚下金属的旋转楼梯都为之呻吟。他来后,阿碧似乎也不再顾忌主人在不在场,邀我去喝茶。我于是正式认识了马加布,他有浓重的非洲口音,是阿碧的同乡,靠着与阿碧的一纸婚姻摆脱了非法偷渡客的身份。马加布刚来时住在顶层阿碧空下的佣人间,但叫我喝茶时,局面似已改变,那小房间住进了阿碧与前夫生的女儿。我在佣人楼梯上撞见过她,二十多岁的样子,与阿碧像是一个模子倒出来的,钢丝卷一样的头发在脑后束成一个鬏,耳朵上总是挂着耳机。

我们还是坐在那间客厅里,陈设依旧,只是离象牙十字架不远的地方,新添了一个像是伊斯兰经文的摆设,绿底金字,似图又似文,女人手袋大小,挤在面无表情的佛像和满面愁容的耶稣之间。只这一件添置物,就把上次这半壁客厅给我的古远中国的错觉抹得一干二净。我惊讶于走进来就跟前次汉娜不在一样,女主人无声无息不知在里面哪间卧室里。阿碧跑前走后把马加布介绍给我,甚至都没有放轻说话声。我则有些不安,毕竟主人在,不管是何种形式的存在。

马加布硕大的身躯挤进其中一件细足纤臂的明式扶手椅里,那虎背熊腰愈衬出老木材的单薄,我心不免跳快了几拍,担心数百年的精巧毁于一旦。阿碧端出一细金錾花银盘,上面每块巧克力都沾着金箔,配上前清官窑的寿桃云纹茶具,令我蓦然感觉被虚构的真实包围。

见我不自在的样子,阿碧告诉我汉娜一天大部分时间昏睡不醒,意思是那存在已不再能作用这屋这人和这些物品。说毕她又站起来去里面取什么东西,很快一个小相框经马加布厚厚的大手递给我:一个发育过于充分看不出实际年龄的黑女孩站在一匹白马的尾部,马上坐着头微侧向镜头、面色苍白而冷峻的女人。

"1974年,我刚被领进汉娜家,我是孤儿。"

马上的女人毋庸置疑是汉娜,不管被置于什么样的视线下,她的眼神是不变的——如尖刀一般刺向你又逼得你不敢收紧那距离。而相机捉住的一刹那丝毫显露不出人生骰子的颠荡和瞬间给出的数字。汉娜的命运果然在1973年有一个急转弯。那一年她四十四岁,在法国大使官邸举办的国庆舞会上,与新调防塞内加尔的法军上尉德罗什展开了一段似真还幻的恋情。德罗什——就是墙上的那个黑白影像。姓氏前冠以"德"意味着家族有贵族血统,旧王朝贵族被肢解得七零八落,唯独在军中保存了一条血脉。梅开二度的爱欲比小姑娘的浓稠,诱惑和支配驾驭着本能,比脱缰的马跑得急。那年底,上尉跟菲利浦和后者的几个同伴去猎豹,数天后尸体与一头死豹一起被运回。警方介入调查,结案是误杀,且子弹并非出自菲利浦的枪口。这起事件在达喀尔小小的白种上流社会闹得沸沸扬扬,没人相信那颗子弹不长眼。一年以后菲利浦在离庄园不远的玫瑰湖用猎枪自杀，也没人相信那子弹的出处。这两颗子弹不光终结了汉娜人生的粉红色，也似乎为一百多年殖民黄金时代最后划上的句号找到了该落笔的时间和章节。1975年，汉娜卖掉庄园返回法国。

"她自始至终就没有习惯这里，她是在那边长大的。她把我和老奶妈巴巴布带过来，巴巴布死了好些年了。"阿碧说着把那张她十二岁的照片又拿过去，望着相框的表情不可捉摸，不知是庆幸还是遗憾自己与命运一起挤在这巴掌大的相纸上。

玫瑰湖是西非一个其咸无比的盐湖，水是粉红色的，那是生存其中、繁殖茂盛的嗜盐菌的色彩。

毛 尖

汉英词典里的男女主人公

一精神病人把电话号码本从护士办公室偷回病房,交给同房病人说:"你看我最近完成的这本小说怎么样?"同房看了看回答:"非常好,就是人物多了点儿。"我读陆谷孙先生主编的《中华汉英大词典》时,突然想起这个笑话,因为我跟精神病人差不多,拿词典当小说读。

这部伟大的"小说"塑造了一个"他",一个"她",一男一女都是有缺点的人,不过,"他"的形象比较神秘,"除去固定收入,每月至少还赚2 000元",而且"缺点"得也比较男人,比如喜欢"粗声粗气地"说话,也"没工夫和人闲聊";而她呢,是一个"穿着很是岔眼",且是"一个反复无常的女人",说话也常"不大对味儿"。虽然我个人觉得这样的女人也蛮对味儿的,但心里多少揣测,词典对我们的女主人公是不是严格了点?

词典对女人要求严一点,用范家材老师的话说,使得这本词典非常"端庄"。就端庄而言,这本词典绝对是风雅颂的典型,我在中文词典里查不到的词,这里有,纵有五千年历史,横有一万地方言,可是，我在"逼"这个词条下，看到十二条单词释义，从逼问到直逼，没有"牛逼"。

在接受记者采访的时候，陆先生说，"我们自觉地给自己拉了两根警戒线"，"白描式的色情、吸毒是坚决不碰的"。可是上有天下有地，难道词典不收，人们就不说了吗？而且，在我们的成长经验中，不就是遇到这些词的时候，词典的意义显得特别巨大。陆先生说，这本词典的最高纲领是"查得率"，那么，我坚定地相信，用这本词典查那些词的，肯定多过查"非礼勿言，非礼勿动"的。

挚爱莎士比亚的陆先生，有文化洁癖，我们很理解的，如果他没有这个文化洁癖，也不会发愿去做这种文化清道夫的工作。说到底，把成千上万的词从红尘中检索出来，洗刷干净放入庙堂般的大词典，本身就是一次超度。但是，莎士比亚也有下流时候，下里巴人的日常用语也是人生，作为一本词典，藏污纳垢也可以是一种文化追求吧！

我知道自己是吹毛求疵。研讨会结束，陪着陆先生走回家，邯郸路上花红柳绿，春天的枝条拂过他的脸颊，他仿佛浑然不觉。我说，编词典就是找死的活呀，你编《英汉大词典》找一次不够，《汉语大词典》还要再找一次。我想说，你号称老神仙，其实真苦逼，但是，最后一个"逼"字，被我活生生咽了回去。对于这样一个愿意两次找死的人，也许，我们所谓的重口，不过是一个轻飘飘的柳枝。

刘小娟

时间的礼物
——《约翰·克利斯朵夫》重读笔记

2015年的暮春和初夏,由《约翰·克利斯朵夫》相伴。书中的词句,包围着我的日常生活。一日三餐的例行运作中,克利斯朵夫的形象不时掺杂进来,在脑海中徘徊。回首刚刚过去的三个多月,经常被琐事缠绕,不以之为苦,反而有踏实的快乐。每天读几页《约翰·克利斯朵夫》,跟着幼小的他在田野里游荡,看着年轻的他反叛一切,追随他游历欧洲,目睹贫困的他在巴黎挣扎,犀利地批判巴黎的文艺圈,寻常的生活似乎有了主心骨。

在湘江边暴走,望着浩浩荡荡的河水,开卷第一句自然而然浮现:"江声浩荡,自屋后上升……"清晨六点多,步出电梯,穿进小巷,尚有凉爽的风掠过树梢,整个世界半梦半醒。仰望淡蓝的天空,想起:"蒙蒙晓雾初开,皓皓旭日方升……"两大本,厚重如砖头,可当哑铃训练臂力。罗曼·罗兰写了十年,1915年获诺贝尔文学奖。傅雷于抗战时翻译,历时约五年。主人公克利斯朵夫的原型是贝多芬,精力充沛,元气淋漓,自小贫困却有音乐天赋,善于与命运搏斗。诺贝尔文学奖依然很热乎，1915年距离2015年却异常遥远。时代以令人目眩的速度变迁，如今是网络时代，读图时代，碎片时代。微博微信QQ，在各种品牌各种尺寸的屏幕中，抢夺着人们的眼球。快，方便，即时。一闪而过，过脑海而不入。人们在地铁上低头，在公交车上低头，在高铁上低头，在餐桌上低头，在约会时低头，在游玩时低头，在天上低头，在地下低头。只要弯曲脖颈，用食指划拉一下屏幕，各类资讯视频音频对话瞬间飘至眼前。方便，快速，杀时间。在这样的速战速决时代，抛开手机，关上电脑，捧着厚重的砖块，阅读密密麻麻的文字，有什么意义吗？对我个人而言，手捧《约翰·克利斯朵夫》，见缝插针地读几句，缓慢地推进时间，似乎是漫长而有效的治愈。被网络捕获，无所遁形的我，躲在《约翰·克利斯朵夫》中，像躲在坚固而安全的掩体中，暂获托庇，修复被电脑和手机稀释扭曲的自我。罗曼·罗兰花费十年时间写就这部著作，傅雷在动荡不安的抗战时期，以五年时间耐心翻译成中文。时间层层叠加，分量愈来愈重。《约翰·克利斯朵夫》自有其命运，随时间载浮载沉。多少年后，我又遇到了它，沉浸其中，抚摸堆叠的时间残迹，收获了时间的丰盛礼物。

大学时读过《约翰·克利斯朵夫》。九十年代初期，大学新生，中文系学生，对经典文学怀抱敬畏之心，又想贪婪地一一占有。一本本读过去，生吞活剥，不求甚解。那时年轻气盛，喜读克利斯朵夫的童年成长故事，贫困却掺杂诗意。青年克利斯朵夫在杂志上发表文章，毫不留情地批判小城音乐界，乃至抨击整个德意志民族，那痛快淋漓、刻薄又精确的词句，深得我心，像得了什么宝贝，一读再读："音乐太多了,吃的东西太多了,喝的东西太多了!大家不饥而食,不渴而饮,不需要听而听,只是为了狼吞虎咽的习惯。这简直和斯特拉斯堡的鹅一样。这民族竟是害了贪食症……"年轻的我只管品尝着让人痛快的段落,跳过克利斯朵夫挣扎图存的段落,描述死亡的段落,老年与人生和解的段落。

时间的流淌很奇妙,四十多岁的我,与《约翰·克利斯朵夫》再次相遇。二十多年的光阴,意气风发的大学生步入社会,品尝了各式各样的苦涩,收获了各式各样的狂喜和幸福,经历了无聊和空虚,被庸常的生活绊住腿脚。再次追随克利斯朵夫从屋后的莱茵河出发,周游欧洲列国,视角变了,口味变了。创伤、死亡、生命的大难关,中年的我贪恋这些章节,一读再读。痛苦和难关,依旧让人寝食难安,却能顺应痛苦之境,以痛苦做养料,滋养人生。克利斯朵夫经历了至爱亲朋的死亡,从德国小城逃亡,在巴黎陷入困境,这些章节,我一再咀嚼。祖父的死、父亲的死、萨皮娜的死、舅舅的死、母亲的死、奥里维的死、葛拉齐亚的死、克利斯朵夫自己的死,死法不同,描写不同,感受不同。这么多的死亡贯穿其中,却不觉其阴森;经历一次死亡,克利斯朵夫的能量反倒增加一筹。他体魄强壮,耐得住贫困,受得了无边的孤独,穿越至爱亲朋的死亡,犹能骨骼强健,音乐天赋伴着丰沛的创造力,冲破一道道桎梏,获取成功。创伤、死亡、生命的大难关,在罗曼·罗兰笔下,也是雄强有力,鼓舞人心的。饱浸在自身痛苦的汁水中,一行行一字字地扫描着克利斯朵夫被痛苦蹂躏,心底有一丝宽慰升起。行使读者的特权,对克利斯朵夫的痛苦作壁上观,且看他左冲右突,与痛苦贴身肉搏,筋疲力尽却依然无法解脱。傅雷在译者献词中写道:"战士啊,当你知道世界上受苦的不止你一个时,你定会减少痛楚,而你的希望也将永远在绝望中再生了吧!"罗曼·罗兰是仁慈的,教克利斯朵夫挣脱痛苦的牢笼,赐予他全新的灵魂,更加汹涌澎湃的创造力。克利斯朵夫得救了,作壁上观的读者也得救了。

"他把自己的灵魂剥光了。好比一个人在梦里常常会吊在空中似的,他从高处看自己,从大千世界中看自己;那时他的痛苦的意义立刻显出来了。他的斗争是众生万物的大斗争中的一部分。他的失败只是一个小小的插曲,而且马上得到补救的。他为大家斗争,大家也为他斗争,他们分担他的忧苦,他也分享他们的光荣。"结尾,克利斯朵夫遭遇了自身的死亡,看得人头皮发紧,后背一阵寒噤,眼泪不管不顾冲了出来。当时恰好在机场,人来人往,低着头,哭得不好意思,却又哭得多痛快!

在旅途中读完了,回家后,放置床头柜上,像年份久远的酒,尚有绵延不绝的后劲——阅读此书的过程,是漫长的、不紧不慢的、顺其自然的发酵过程。慢慢细细地读,从容领受时间赐予的礼物:炖菜时,守在灶台边,捧起书,看几行。拖完地板,从沙发上捞起,读几页,放下,忙乎总也忙不完的琐碎日常。睡前躺床上,看两页。阳台上花草浇毕,坐在摇椅上,以最享受的姿态读十来页:"唯有创造才是欢乐……创造,不论是肉体方面的或精神方面的,总是脱离躯壳的樊笼,卷入生命的漩涡,与神明同寿。创造是消灭死。"

漫游,在经典中漫游、历险,见缝插针与蚕食法结合,把白纸黑字一行行吞吃,把整本书嚼碎,吞入体内。书本化为营养物,参与了周身的血液循环,参与了日常的新陈代谢,克利斯朵夫强健的人生掺入了我的人生。"唯有创造才是欢乐",《约翰·克利斯朵夫》健壮活泼的生命力激活了我的神经系统,蝉鸣、雷声、雨声、酷热、噪音、寂静、绿意、花香、恶臭,以前就存在着,却模糊而疲沓。如今,眼睛还是近视眼,耳朵鼻子仍旧是原装货,蝉声、雨声、酷热……却从混沌中突围而出,以鲜明的姿态环绕四周。这是属于我的创造吗?有时,我能感知到欢乐。

鲁　敏

投食下的阅读饥饿

投食，一个比拟，像动物园里那样，给笼子里早已不猛的野兽丢些死鸡活鸭……这是个有点调笑的说法。调笑是为了减轻内心的不适感。我老觉得，我们现在的阅读很像是投食模式。投食的主要表现是榜单、书目、名人推荐、月选季选年选等。一到周末或月底的进食时间，流水线一样的资讯平台就开始推送了，详尽的内容简介、写作特色、章节摘要、专家评说，切成很小的碎块、撒好了提神的调料和悦目的花边，排列整齐地进入到我们各自所趴着的笼子里。如果你是一位在某个领域小有名声的人士，出版社还会直接就把书给扔进来呢。这情况多么令人满意，你都不用动半根指头，就可以非常及时地进食到本季最时新的读物。

某天，有个摄制组来家里拍东西，主持人随手拿起茶几上一本书，语调喜悦："哦，我刚刚在某老师家也看到这一本哎。最近，老是听到人说哎……"我立即知道，我与"某老师"，还有别的一些老师，准是在同一时间被空投了同样的东西，都是刚刚打开包装，热气腾腾地放最靠手的地方，而这本书的下方，稍微带点陈灰的，是一堆同样来源的书。我不知道,我将在何时、或者是否真的会去拿起刀叉张开嘴巴……绝非胃口不好,相反啊,阅读上,这些年我一直饥饿,这满目琳琅、饱食终日的饿,已致严重的营养不良——听听,连我自己也要脸红了,多么矫情的令人反感的说法。

我当然知道真正的供给不足是什么样的。从五十年代的前辈们那里,我们都听过许多关于阅读的故事,在那灰蓝色的回忆光圈里,他们到废品回收站找书、到贴有封条的仓库偷书、在厕所发现半本没封皮的书不舍得撕下来"善后"、步行三个小时到一处去借书连夜急读并于次日凌晨交到下一个风尘仆仆的接力者手中。我的一位同行,是六十年代生人,也有类似的经历,他多次用一种不可思议的语气提起,他整个青少期的阅读,就是靠各种"意外"与"撞运气",得以与某书碰上,然后就抱住死啃,啃得连碴子都不吐。他最神奇的是在垃圾堆里捡到过好书,拍拍灰,塞裤子口袋就拿回去读了……每每听之,我总是啧啧不已,并且有种向往的心态,觉得那种匮乏,一方面是残酷的、压迫的,可其中又有种初恋般的纯度与浓度,甚至带有传奇的美感。

我这心态显然也是不大健康。这所谓的美感,是出于我的主观视角,是对比而生的,对比于当下的食欲僵死。投食而来的那些书单,一拨又一拨,挤挨挨、满当当地进入视线,爱恋的感觉就此稀薄了,似已没了起初的忠贞和虔诚,因它们不是我日思夜盼、苦苦求索而来的,甚至可能是并不需要的、伴有轻微质疑的。常常的,打开一本书,那样讲究的字体与排版,花了大心思的封面,体贴的、连配套的书签都备好了,可是啊,负疚地长叹,不想打开。我害怕会碰到反复碰到的情况,那既不甜也不苦,既不烫也不冰的滋味,都搅动不了齿舌,更何谈心肠与脑袋。当然,是可以看的,足可以翻上大半天,并也会条件反射地发笑与点头称是,直看得圆滚滚的、挺胸凸肚,可随后只消半个黄昏,就没了,就饿了,加倍的饿,空洞到极点的饿,并伴有异常的伤心,为那书,为它那好看的样子,为我对它的无情遗忘。更绝望的是:那不独是那本书的命运,那更是我的、我们的。

我饿着。我羞耻于这种饿,像得了道德败坏、见不得人的病。这怨不得别人的,为什么会在大丰大收、供给丰沛到过剩的背景下如此之饿。是我的无能,是我自个儿丧失了觅食和追求的能力,去荆棘、去莽原、去冰雪中捕食的能力,从被抛弃的垃圾堆里、从加锁的门背后、从被打包变卖的废品中,翻找到那些破旧、残缺、没了用处、味淡如水的,但真正适配自己的东西。我为什么要吃大路货?为什么要叼起降落到眼跟前的发亮玩意儿,好像新晋小开总要赶上新品发布似的,哼哼唧唧地表示津津有味,以大合唱、团体操的标配方式来阅读、思考、发声?想想看,这真是可怜而贫瘠的局面。

大概正是出于这种恐慌的心理,每次看到书单,看到排行榜,看到几乎像课堂作业般整齐的赞美式反馈,我总升腾起一阵迷雾般的焦虑,我不知道我能否有勇气立即站起身、跑出去,趁着肢体与脑力尚未完全绵软,离开这无需任何心力的富足之地,跃入旷野,跃入干涸,激活被干扰和驯化过的视觉与嗅觉,恢复那种挑剔但准确的灵敏,重新长出野蛮有力的肌肉……最终,在视线尽头的大地深处,在被忽略被冷落的地方,在依稀可辨的光线中,遭遇到我一直寻找和渴求的那本书。撒向饥饿的黑色齑粉,来了。

罗　翔

目光掠过冥王星的那一瞬间

早上醒来,打开手机、电脑和报纸,又和外面的世界连上了：APP显示窗外的空气质量,微信群里在热议三里屯试衣间里发生的隐秘故事……当然,还有永不消停的股市和楼市。

让人眼睛一亮的是,NASA的科学家发布了冥王星清晰照片,探测器飞了整整九年,50亿公里的距离,就为了看上这一眼。惊艳之余,有种感动,然后觉得庆幸,太阳系还是小,串个门不需要以光年计。若想看到更遥远的星球,请大家保重身体。

1.

1934年年末的一天,《大公报》转载路透社通讯,天文学家观测到新星爆发,距离地球一千五百光年,实际发生时,正值罗马帝国颠覆。诗人卞之琳放下报纸,"想独上高楼读一遍罗马衰亡史",摊开地图,对着远方友人寄来的明信片,又觉得"风景也暮色苍茫了"。

另一位新月派诗人徐志摩,因为先天近视,长大后从海宁乡下来到上海,配了眼镜戴上,才生平第一次清晰地看见夜空,被满天星斗深深地感动。那首"偶然",也许就是望天的记录——

> 我是天空里的一片云,
> 偶尔投影在你的波心,
> 你不必讶异,更无须欢喜,
> 在转瞬间消灭了踪影。
> 你我相逢在黑夜的海上,
> 你有你的,我有我的,方向;
> 你记得也好,最好你忘掉,
> 在这交会时互放的光亮!

2.

跟许许多多同龄人一样,我也是从"十万个为什么"发蒙,可能稍显特别的是,我看的是"文革"期间的出版物,处处黑体字印有毛主席语录,从废品收购站的仓库一本本淘回来,不似现在的小朋友,书架上整整齐齐码一排,赏心悦目。

但这又有什么关系呢,天外有天的观念,动辄以"光年"计算的遥远,"三级宇宙速度"摆脱地心引力的束缚,昼夜更替、夏来冬往的奥妙……同样让阅读者一边乐于数着天文数字拖着多少个零,一边感受着探索未知世界的精彩与蛊惑。

这种近于原始的好奇心,甚至延续到高中。听地理老师讲太阳的内部结构尚不为人知,我大为惊讶,难道"十万个为什么"里没说过吗?语录没有白读,年少轻狂的口气:人类那么聪明,还会留下如此空白,不应该啊。老师不知道该怎么回答,来一句"交给你咯"——竟不觉得在嘲讽,还很对我胃口,那些年立志要考中科大的家伙。

物理老师更惨,课后被爱科学的孩子们围住,问些天马行空不着调的问题。人家也是市里的名师,满满的一桶水,倒出来却盛不满一个个奇奇怪怪的杯子。这群"问题青年"里,真有上了中科大念地球物理的,假期回来诉苦,要被开平方再乘以十的技术处理,才勉强考及格——中学老师听了要窃喜,小兔崽子,被收拾了吧。

3.

这本书绝对不可以漏掉:《飞向人马座》,作者郑文光。

一场意外事故,飞船载着继来、亚兵等三个年轻人飞向外太空,迷失在迢迢银河系里。几年里,他们刻苦自学宇航知识,驾驭着"汪洋里的一条船",躲避恒星行星密布的危险,终于利用靠近黑洞的机会,借力调转方向,踏上了返回地球的路程。

三十年前的作品了,无论从科普还是科幻或者文学的角度,都能经得起检验,所以郑老师要排在童恩正、叶永烈、刘兴诗前面,领衔当时中国科幻界"四大天王",当之无愧。而我对他的特别推崇,还有一点个人原因——在舱外处理事故时,继来的宇宙服不慎漏进了射线,呼吸停止、生命垂危,亚兵用从微缩胶卷图书上看到的医学知识实施抢救,解开衣服时,手指不小心碰到她挺起的胸脯,原来几年前的小女孩,已经开始发育了。看到这里,我心里咯噔一下,仿佛顿悟,这重要的人生一课,父母老师不会教。

在我的成长中占据如此重要地位的郑老师,风生水起的壮年却遭遇厄运。1983年,科幻小说一度被定性为伪科学,新写好的长篇《战神的后裔》,排版完成还是被退稿。得到消息的第二天,郑文光突发脑溢血,创作生涯戛然而止。卧床多年后,无法释怀的他含恨仙逝。

唉,亲爱的郑老,您的神经也忒不坚强了,好歹挺住了,撑到今天,您就是一代宗师!报载,许多当年的小读者自发去八宝山为他送行,愿他一路走好。

4.

天文望远镜,听上去多么高科技的物件,也可以是童年时代的DIY作品,只不过,制作者不是我,而是好朋友航——我俩从小学到大学,从同班、同级到同城,在一起混了差不多二十年。

大学毕业后,他出国留学念博士,继续钟爱的物理专业。一次,我们在网上聊天,忆起某年暑假,用自制的望远镜,在楼顶看星星。事隔多年,先考证一番:我记得是小学,他说是中学;我说是看水星,他说水星太暗很难看到,应该是土星;甚至地点是不是我家楼上,都还有些吃不准。

但可以肯定的是,他先后做过两个望远镜,其中一个,镜筒就有一米多长。从小看到大,他动手能力强,不仅在物理竞赛拿奖,读研究生时也派上用场,光学实验的零件,好些就是自己加工的。而手脚笨拙的我,敲键盘这么多年了,还是"二指禅"。

就是这位很Science的同学,说过一句打动人心的话,令我至今难忘。去复旦北区宿舍找他玩,他正遇到不顺心的事,免不了坐下来倾诉一番。说着说着，他突然来了句，"比起浩瀚的宇宙，其实人很渺小，那些个烦恼，也算不得什么。"毕业前，他又做了个望远镜留在实验室，不知是否仅仅当了摆设，还是遇到了知音。

5.

跟旸认识，是在概率统计课上。正好邻座，我看见课本封皮上的生僻字，脱口而出"初升的太阳"，让他很吃惊，肯定常被读错或者问起，说对了反倒稀奇。

那天，我手上有一期《美国国家地理》，他凑过来问，我说图书馆北馆有卖，无论新旧都是八块钱，运气好可以碰到当月的，一定要留心附赠的地图是否还在。后来，他跟我说，初次见面就倒竹筒似的话，让他觉得此人靠谱。

我们又互相参观了各自的藏书，天文地理之外，更多的交集在历史，总之都是些距离久远的事物。三五句话，几个瞬间，就可结交，而且还能持久，这样的经历，在离开校园后，就几乎没有发生过了。

1999年那场被炒得沸沸扬扬的流星雨，旸约我一起去看，深夜蹲在学校操场上守候，四周是情侣窃窃私语等待许愿，我俩很大嗓门地上下五千年大侃一通好不痛快。那晚并没有看到期待中的震撼场面，依然留下了美好记忆。

6.

无忧无虑的童年，某个热切求知的暑期，除了仰望星空，还读到杜甫的一首诗，"赠卫八处士"——

人生不相见，动如参与商。

今夕复何夕，共此灯烛光。

用天文现象起兴的开头，好比遥远恒星发出的光，可以照亮千年后的幼小心灵，开启了人生最初的感怀与惆怅。虽然，那时，我还没有品尝过离家远行和天各一方的滋味。

那天清晨，当目光掠过冥王星，一瞬间的相遇，亦是永恒。

王 璎

玉兰花,南瓜花

许多年前,有次去"雪茄坊"与好友小聚。那店在潘家园附近,如今早已消失尽净,变成一片城市绿化地了。那天,店老板请我们喝刚到的新茶,喝着喝着,有人忽然提议去大觉寺。去看玉兰花要不要?说走就走。天色已近黄昏,暮霭四合,灰云朵朵。今年的玉兰花开得算晚了,北京早就有正月初六玉兰开花记载,店老板边开车边说,我在日本吃过玉兰花烹饪的正宗"天敷罗",没感觉怎么好吃,不香,吃口寡淡,甚至根本就没味道。我自己后来在家也尝试着做过,的确不太香,但真是新鲜,就为吃个新鲜也不错呀。想起我们酒店早前,各式鲜花专门成菜,但北方人吃花的实在凤毛麟角,成本又太高,到后干脆只用做摆盘道具了。

印象中,云南那边的人很喜欢吃花。有客自远方来,动辄弄一大盘子什么花来吃吃。姹紫嫣红,一嘴的花团锦簇。最常吃的是倭瓜花,也叫南瓜花。搛一筷子,黄澄澄的,再搛一筷子,又黄澄澄的,爽目爽舌,越嚼越香。太原人喜欢把倭瓜花与鸡蛋同炒,盛夏时的下酒好菜。倭瓜花清利去湿热,具消肿散瘀之功效,我想起幼时旧事。有一天，我哥哥不知怎么回事忽然就发起烧来了，上吐下泻，还伴以剧烈咳嗽，坚持到第二天，发现整个人皮肤变得蜡蜡黄，典型的小儿急性黄疸症状。我妈吓坏了，转身就准备抱了哥哥往医院跑。我奶奶风轻云淡来一句，慌啥慌啥。说完一双小脚蹬蹬蹬蹬，几步就奔至门外。学校大院沿墙根，不知谁家种了一片南瓜，我奶奶捡大个儿的摘下十几朵花来，水龙头下面冲冲，对我妈说，你歇缓歇缓（等一等）再说。南瓜花的花蕊有苦味，平日里吃时需去除，但若是入药，则花蕊一定要留着。奶奶拿出一只粗瓷大笨碗来，打一个鸡蛋，加一大勺面粉，加水，一点点盐匀匀撒进去，快速顺时针方向急打，打成稍稀的面糊，然后大拇指跟食指小心地捏了叶梗处，把倭瓜花放入面糊中，轻柔地来来回回划拉，是让每片花朵都粘裹上面糊。那边灶头上的水锅已经大沸，奶奶把一颗一颗裹匀了面糊的倭瓜花溜锅沿慢慢滑进去。三五分钟后，一大碗倭瓜花"疙瘩汤"就做好了。再做个素卤，拿一把大铁勺，倒一股子酱油醋下去，就那么直接放灶头上小火加热，看有小泡泡微微泛起时，捏一撮葱花，滴两滴香油，关火。奶奶另一只手拿过一个锅盖来，是为防油溅，然后把大铁勺往汤面碗里一伸，滋啦一声，香味四散。我站在边上口水嗒嗒滴。奶奶端着这碗倭瓜花汤面对我哥说，趁热，赶紧吃使劲儿吃，直到肚皮吃撑。我哥那一顿痛吃，边吃边不住地嘶嘶哈哈，实在太烫了，吃得满头大汗，那么一大碗，他竟然吃了个底朝天。吃完了汤面，我奶奶说，捂着被子睡一觉吧。第二天起来，嘿，好了。我妈心服口服，怎么那么神？奶奶笑眯眯来一句，瞧他那吃相，是小儿急性黄疸没错，假性的。黄疸还分真假？

北京大觉寺的玉兰花，黄昏时分望去，总觉让人有一丝感伤。花事渐近阑珊，脚下落英缤纷，织锦铺地，游人来来去去，很快便肮脏不堪。边上有一个叫啥堂的，名字记不清了，院子里那株玉兰树让我惊喜。一脚迈进去，迎面几枝像是刚刚才开，尚无沾染丁点尘俗，玉洁冰清立在一处。是专门等我来么？人与植物之间，或许也会产生某种情感依赖吧。

看罢玉兰花，店老板请大家回去喝他亲自调配的"玉兰花酒"——干式杜松子酒为基底，新鲜柠檬榨汁，加植物鲜奶油，兑一点石榴糖浆，最后是捡拾回来的新鲜玉兰花瓣，再加一些冰块。将所有材料通通放入专用雪克壶中，店老板开启"花式调酒模式"，两手握壶剧烈摇晃，上下左右，前前后后，翻转抛抓甩，好一通哗啦哗啦，最后倒入玻璃杯。酒色纯净清透，一点淡淡的粉。浅浅地尝了一口，有劲，余味中隐约带了一丝玉兰花香，味道不错。

第二天一早起来，我又想起玉兰花。独自再去。大觉寺"憩云轩"院里有一株玉兰花，上边枝叶已渐显干枯，下边却不慌不忙，正欣欣然笃定地盛开。有几个人站在树下争论起玉兰花的花瓣来，到底是奇数还是偶数？仰看玉兰花，花瓣三三三层层交叠，正好九瓣。"九"在中国是个绝好的数字，九九归一。我于是愈发感觉玉兰花的好上加好起来。

大觉寺除了玉兰花好看，古柏也不错。前人多好事，喜欢在柏树树身的裂隙里再补种其他树种，我想起黄陵的那株"英雄抱美人"，便是从一株柏树树身里另外长出一株会开花的树来。真是神奇。但更让我意外的，是在这里看到了"娑罗双树"。龙脑香科，常绿大乔木,树干可割采龙脑香。朋友有次从印度旅行归来,送我一盒蚊香,主料正是闻名遐迩龙脑香,不舍得用,搁在衣橱里,防虫防蛀,满柜生香。佛教徒常用龙脑香油点亮佛灯,用娑罗双木材点香敬佛,可使殿堂之内满溢清香,久集不散。在印度与泰国,人死后有当地习俗,惯用木材焚烧尸体,富裕显贵人家则更讲究,要用娑罗双树作燃料,长久燃烧,清香十里。望着眼前这棵娑罗树,虽说才刚发出新叶,但已看得出叶状似掌,紫红八裂,高大茂盛尽现。

  我有次在上海虹口公园闲逛,只顾抬头观看鲁迅先生塑像,忽觉有什么人在我身后轻轻拍了拍,一吓,回头才发现,原来是玉兰树已经成熟结籽,一嘟噜异形球状的果实掉落在我肩头。广玉兰要比一般玉兰高大许多,开花也大如茶盅,结籽则更是红得艳丽夺目。一阵风起,地上落满西洋红,薄薄的一层。美如诗画。

  早前看白石老人的画。玉兰花,我总以为是荷花。荷花怎么会长在树上?太原早前干燥且严寒,无玉兰花可看,亦鲜少听说。近些年有是有了,但都长不高,也不粗大,多种在向阳且背风的地方,小心伺候。到后好不容易开花了,零零星星那么几朵,很努力地盛开,倒也疏落可爱。我有时在想,要是满满腾腾花开一树,闹哄哄地也未必就好。

辑四

朱生坚

天地有大德
——吴清源先生怀想

1.

吴清源先生有两部自传。一部是古稀之年从棋坛引退时的《以文会友》,中译本改题为《天外有天》。另一部是米寿之年的《中的精神》,删繁就简,实际字数不及前者一半,很多事情只说了个大概,点到为止。有智慧的老人说话、写文章,经常稀稀疏疏、断断续续,有一搭没一搭的,进度却很快。饶是如此,这本书里也时不时地会出现一些淡淡的闲笔,譬如,说到1939年与川端康成夫妇一起在伊豆休养,忽然来了一句:"我还吃了川端夫人做的煮鸡蛋。"(《中》P110)

很多人读到这句话都会停顿一下吧。煮鸡蛋而已,有必要说吗?而他这么说了,自然是有原因的。最容易想到的是,战争期间,物力维艰,一粥一饭比平常更显得来之不易。其次,川端康成何许人也?"他是那种瞧你一眼就能够看透你心思的人。"(P111)他懂人,也懂棋。对于吴清源来说,他是棋界之外的知己,两人有如隔河相望的两座高峰。只可惜，真正的高峰之间的对话幽寂无声，我们在山脚下的碎石乱草丛中，所能听到的只是川端康成提出打赌，看谁先调养好身体——而所谓打赌，实则殷勤劝勉：努力加餐饭；至于川端后来责怪吴赢了却没请客，实则额手称庆。这一切，吴清源先生真的会不懂吗？故此，川端夫妇的情谊非比寻常，殊堪念想。

这些都不难理解。然而，除此之外，还有些疑问，却颇费思量。吴清源当时虽则不过二十五岁，却已然在棋盘之上和棋盘之外历经惊涛骇浪。这样一位胜负师，当他面对一只普普通通的煮鸡蛋——且不管是什么人煮的——会作何感想呢？再者，八十八岁的吴清源先生，说起六十多年前的川端夫人的煮鸡蛋，除了忆故人，还会作何感想呢？如今，这些疑问再也无从探询了，真叫人怅恨不已。转念想来，即使在最后的十几年里，有人问到，所得到的答案恐怕也就是沉默吧？

说到这里，不由得想到阿城的《棋王》。阿城用了鲁迅的笔法，虽然略嫌简率，却特别能见出人物的精神。正好比他笔下的王一生，虽然破衣烂衫、瘦骨嶙峋，却不能掩其丰采。王一生的精神和丰采，尽在于下棋和吃。贯通这两种行为的要义，在于小说假借杰克·伦敦和巴尔扎克的小说所说的生命，这里就不再多说了。况且，肯定有人会说，吴清源跟王一生可不一样。是的，吴清源先生身边的人都说，他的世界里只有围棋，要是一年三百六十五天都给他吃同样的东西，他也会浑然不觉，他对物质生活的要求几乎为零，如此等等。然而，一位物理学家却透露出别样的信息：吴清源先生平时话不多，而谈起养生和哲学，就会多一点。这两种说法并不矛盾。张文江《〈养生主〉析义》区分了养生的两个层次。概言之，形而下者为养身，形而上者为养神，形而上者统摄形而下者，养神包含养生、养身在内。吴清源先生感兴趣的养生，无疑应该是养神，至于养生和养身，有与他同命七十年的夫人中原和子呢。

时人热衷养生。其实，大多数人所关注的，称之为养身都有点勉强，简直就是活命，充满各种焦虑。诚然，民生多艰，活着就很不容易。鲁迅在临终遗言里说："忘记我，管自己的生活。"实在是深切领悟了生活之艰难，但是，想要真正理解鲁迅让人"好好活下去"的意思，还应该读一点中国的历史和经典。退一步说，就算仅仅在日常生活的层面来理解，任何时候都懂得要咬紧牙关，自己想办法活下去，那也不坏。

从艰难困苦的现实中总是能产生智慧的结晶。子曰："作易者，其有忧患乎？"一部《周易》，就是从生存的忧患中提炼出来的智慧。围棋也是如此。它的由来就与《周易》有几分相似。吴清源先生多次说到，围棋与天文和《周易》有着很深的联系。

可以说，围棋也是"活下去最要紧"。学棋的人记住的第一句口诀必定是"金角银边草肚皮"，说的就是：棋盘的四个角上最容易活棋，边其次，中腹更次。换言之，这句口诀也是让人记住：要活棋。再者，学棋必不可少的功课就是做"死活题"，学会杀棋，自然也就学会做活，因为必须考虑到对方采用最顽强的手段来求活——之所以通常把题目出成如何杀棋，大概是让初学者更来劲吧。常听人说，业余五段以下，说到底就是比死活题，这句话或可商榷，特别要避免过犹不及，但是毕竟也有些道理。业余高手之所以为高手，甚至，职业棋手之所以为"职业",一个必要条件就是死活问题基本上不会出错,彼此之间在技艺上的差距微乎其微,然后,才说得上"进乎技矣",进入"道"的层面。

2.

活棋是硬道理。然而,也有反例:围棋经常用到送子、弃子战术。主动送一两个子让对方吃掉,从而取得外势,或者换得更大的实地,或者求得先手,把局部安定下来,转向别的战场,都是常用的手段。至于将可以做活或逃出的一块棋子弃掉,来获得全局的主动和优势,则需要更高更强的大局观,以及整体上的判断能力和把握能力。在这一点上,吴清源先生堪称独步,他的弃子战术经常出人意料,让旁观者(甚或是在多年之后打谱的时候)看得惊心动魄。在中日围棋擂台赛上掀起"聂旋风"的时代,聂卫平也有过采用弃子战术而逆袭获胜的名局,而他在棋盘上的整体观和大局观也至今为人所称道。不过,相比之下,毕竟还是吴清源先生的弃子更高一层,他经常会弃一些可弃可不弃、不弃也不至于局面被动落后的棋,而聂卫平的弃子,有的时候,有点"壮士断腕"的意思。

归根到底,送子、弃子,都是为了最终获胜。就此而言,围棋跟象棋,不管是中国象棋还是国际象棋,好像没有太大的不同。两者之不同在于,象棋拼子是为了拉开空当,寻找机会将死对方,或者在劣势下,不得已而杀个两败俱伤,最终求和;而围棋的送子、弃子乃至对杀,目的是在棋盘上获得更大的空间。说得更确切一点,两者之不同在于,围棋即便获胜,也不是、甚至不能不让对方活棋——高手还常常迫使对方在有限的空间里就地做活,在外面获得更大的空间。此外,象棋对手之间差距稍大一点,高手比较容易把低手的棋子全部吃光,而围棋职业九段对业余初段也做不到。

吴清源先生在《中的精神》里说,1934年,他曾经在"满洲皇帝"御前,与其侍从对局,让五子。溥仪忽然开金口,要他"把对手的子全部吃掉"(在《天外有天》里的记述是"朕想看你吃他的子,越多越好")。这是不可能完成的任务(即便是吃得越多越好,也有违棋理)。溥仪下这样的旨意,一则是显然不懂棋(也许知道基本规则,那也不算懂棋),一则是亡国之君的满腹怨恨化为暴虐之气——而且是让吴清源吃自己身边侍从的棋,类似于受虐了。中国历代史家大都认为,在战争中虐杀战俘甚或屠杀无辜的军队,就已经露了败象,注定不得长久。相反,他们心目中理想的王者气象是"远人不服,则修文德以来之;既来之,则安之"。这可比围棋上迫使对方做活还要有气派。

当然,不管怎么说,围棋仍然要分胜负:在纵横各十九道,共计三百六十一个点的棋盘上,经过漫长的对局,争取最终比对方多活一点点——就在这一点点上分出胜负。

围棋的规则决定了几乎每一局棋必定有胜负。只有在让先等少数情况下,才会出现和棋,如果是分先,和棋就非常罕见。这里有一个意味深长的悖论:象棋以将死对方为目的,但是比较容易出现和棋;而围棋并不以杀棋为目的,总是要在局部妥协、相安无事,但是最终很少有和棋。这或许也是一种奇妙的平衡吧。也正因为如此,在劣势下,象棋可以改变战略,以求和为目的;而围棋只能放出"胜负手",放手一搏,寻求反败为胜的机会,否则只能投子认输:非胜即负,没有第三种选择。

3.

倘若饱食终日,清乐忘忧,"手谈"一场,"坐隐"半晌,那倒真可以"随缘冷暖开怀酒,懒算输赢信手棋"(唐寅诗),自己也觉得十分洒脱。棋手对局,不可能这样——毕竟,争取获胜,本身就是围棋这种游戏内在的要求。《天外有天》讲述了与木谷实第一次"十番棋"之后,吴清源先生感言:

> 不容置疑,要想在胜负之争中连胜不败、独霸擂台,就需要对取胜抱有一种强烈的倔强心。而我,一旦对取胜变得清心寡味,那么对局时不知为何对手也变得不露破绽;相反,若对胜负之争充满信心,那么顿时会产生一种神奇的精神力量,将对手迷惑以致诱其误出失着。
>
> 总之,围棋是两人共同创造的艺术。同时应当毫不含糊地指出,围棋完全是为了取胜才引起互相残杀。围棋是不折不扣的胜负世界,除了要求常胜不败之外别无他求。说到底,不获胜就无人承认它的巨大价值。(P107)

在《中的精神》里,为上面的话下了一个注脚:

> 如果我在"升降十番棋"中被某个棋手打败的话,我

想我的棋手生涯也会就此结束吧。因为如果输了,我就无法在日本待下去了,必须回中国。我就是带着这样的紧张感去面对十番棋的。(P157)

如此说来,吴清源先生下了十七年的十番棋,打败了所有能够成为对手的棋手,竟然是他别无选择、必须完成的奇迹。

多少有些矛盾的是,在《天外有天》里,说到"昭和二十年代最大的争棋",也就是对藤泽库之助的十番棋,吴清源先生又说"我于临战前从未有过'必胜不可''决不能输'之类的念头。因为我历来认为胜负取决于天运……我只要在盘上竭尽全力,结果如何,只能听天由命"。(P197)仔细品味这些话,恐怕不得不说,所谓"竭尽全力""听天由命",其实是以一种更高的方式来看待胜负吧。简单说来,就是把胜负心放在一边,把精神全部集中在棋盘上,争取获胜。在《中的精神》里,吴清源先生也反复强调超越胜负,说自己"从不把围棋当作胜负去看待",(P30、P215)这固然有认识上的进一步提高,恐怕也不得不说,跟他越来越远离了争胜负的职业棋坛有关吧。

4.

既然争胜负,就该有公平的游戏规则。有棋盘之内的规则,也有棋盘之外的规则。棋盘之内的规则,中日之间略有差异,吴清源先生认为,中国规则"伴随着围棋的发祥与发展而锤炼成型",因而"顺乎自然";但是,无论采用什么样的规则,对于双方棋手来说都是公平的,因为棋盘内的规则并不因人而设、因人而异。而棋盘之外的规则，可以争议的问题就更多一点。譬如，吴清源到日本之后第一次与本因坊秀哉对局，曾经遇到多次的"打挂"：后者以其权威，可以随时宣布对局暂停，且不限时。真想不出还有什么竞技比赛是像这样可以让运动员兼当裁判员的，而且，这实际上把围棋变成了一群人对一个人的围殴。经过吴清源、木谷实这些晚辈力争之后，这个规则逐渐改变，乃至废弃。沧海桑田，山河更迭，也都是寻常事。前辈的尊严，实在不必用这样的方式去维护。

与之相关的是对弈时间限制。退一步说，就算没有别人帮忙研究、支招，毫无时间限制的长考——"打挂"也可以视为超长的长考——一定就好吗？正所谓人算不如天算，围棋的每一手都有可能带来千变万化，棋手只能从天量的可能性中选择值得考虑的应对，虽然直觉容易出错，但是在很多情况下，直觉中的那一手棋也就是好棋，至少也不会太坏。吴清源先生主张"一日终局"，除了便于保证对局公正，他也认为"限用时间短，但棋艺不一定下降"。而且，他所敬重的本因坊秀荣名人也曾提出同样的想法。这在当时推行起来颇有难度。到现在，才基本上都是"一日终局"。日出而弈，日入而息，实在也差不多了。逝者如斯，昼夜不舍。围棋一旦开始就应该顺势运转，让它完成。现实世界没有"打挂"，甚至也不允许"封盘"。实际情形能够允许双方"搁置争议"，那就是值得庆幸的事情。更多的情形是，面临极其困难的局面，终究也要在有限的时间里作出决断，再三再四的思考，有时候反而会使人推翻正确判断，作出等而下之的决策。有意思的是，在棋盘上，高手往往会把选择的主动权让给对方，所谓"保留变化"，或者主动去"试应手"，然后顺势而为，就好办多了。

再者，既然"围棋是两人共同创造的艺术"，在棋盘上尊重对手的方式，就是努力发挥出自己最好的水平。吴清源的老对手、好朋友木谷实堪称典范。同样是对本因坊秀哉，跟他下引退棋的木谷实全力以赴，经过长达半年的对局，最终执黑五目胜（当时黑棋不贴目）。即便是跟实力悬殊的业余对手，木谷实也如狮子搏兔用上全力。吴清源先生两部自传里都说到，即使跟一个让九子且十年未进一子的对手，木谷实也会用一整天的时间下一局指导棋，就像是真正的对局。这让吴清源先生也不得不以略带揶揄的口吻，对双方的"忍耐心"表示佩服。事实上，吴清源自己也是如此。在他们的后辈中，李昌镐也是如此——不管对手是什么人，都会一样认真下棋。

尽管围棋注定要争胜负，但围棋确实也有艺术和道的层面。因此，也真有这样的例外，为了追求围棋的"美"，宁可输棋，也绝不下"俗手""恶手"，以免"污染棋盘"——最典型的就是以"美学家"著称的大竹英雄。韩国围棋随着李昌镐等人的出现而兴起之后，中日棋手私下里都很不以为然，觉得招法过于凶悍。但是，平心而论，也不能鄙薄太甚，因为他们的下法确实有助于开拓围棋的思维。总而言之，就像围棋的胜负不可贪求，围棋的美也不可勉强，还是让它自然到来才好。这或许就是所谓"平常心"。吴清源先生在百岁致中国棋迷书里说：

> 如果一定要说我对围棋的理解比较独到的话，我同意，修业的那些年，"平常心"这三个字我的确做到过。

5.

不知道为什么,在《天外有天》和《中的精神》里,吴清源先生都以不少篇幅说到弟子林海峰,但是,都没有提及送给林的"平常心"。1965年,第四期名人战循环赛,遭遇车祸之后的吴清源先生八连败,前所未有。所幸后继有人,林海峰脱颖而出,获得挑战资格。对名人坂田荣男第一局失利之后,他去找吴清源先生。先生对他劝勉一番,又在扇面上题写"平常心"三字给他。此后,二十三岁的林海峰发挥出色,战胜坂田,成为历史上最年轻的名人——也不知道是不是跟"平常心"的启示有关,后来,林海峰的特点就是没有什么特点,他很少有"惊人的一手",却让对手很难对付。

现如今,"平常心"似乎成了心灵鸡汤常用作料,与之类似的还有"放下""舍得",等等。而心灵鸡汤被人当补药吃进,无非是因为它明里暗里告诉人们,如此如此,这般这般,最后就会"成功",或者得到"幸福"、实现"自我"。那么,吴清源先生所说的与心灵鸡汤式的平常心,这两者之间的区别在哪里?这还真是个棘手的难题。概言之,心灵鸡汤式的平常心说到底是一个手段,而不是目的。吴清源先生所说的平常心与之截然不同。

在上面提到的与藤泽库之助十番棋之前,有人问到对胜负的预见,他回答说:

> 我只要能保持恒常之心,就不会输棋。(《天》P197)

仔细想来,所谓"竭尽全力""听天由命",只是一种通俗易懂的说法,恐怕并未真正说出吴清源先生所领悟到的围棋之道。反倒是这句看似率尔作答的话,泄露出些许奥旨:以"恒常之心"或"平常心"去对局,每一手棋都根据棋盘上的运势,完全遵从棋理,那么,最终的取胜几乎成了由此自然产生的结果,或者,竟是平常心的印证。平常心应当就是棋手追求的目标——说起来,这好像也很平常,但是,真要在对局中做到,实在是太难了。再者,这里的前提条件是在围棋的技艺层面,或者说对于围棋的认识至少也得接近于一流棋手的水准,然后才可以谈到平常心。

总之,平常心说来平常,实则绝非平常。平常心超越了棋手个人的理性和意志,达到了主观与客观的统一,用习语来说就是"人棋合一"。或许,"平常心"亦可称为围棋的"道心"——前者来自禅宗,后者归宗儒学,两者相通、互训,而两者共同的特点就是看似寻常,百姓日用而不知,却又微茫难求。虽然禅宗自有"平常心即道"一说(《五灯会元》卷四),但是这里说的"道心",亦即吴清源先生晚年提出的"中的精神",当来自儒家"十六字心传":人心惟危,道心惟微,惟精惟一,允执厥中。(《尚书·大禹谟》)

相较之下,从《以文会友》到《中的精神》,单单就这两个书名来说,就往上走了一大步。"以文会友"出自《论语·颜渊》:"曾子曰:君子以文会友,以友辅仁。"棋盘虽小,却也风云激荡、烟火弥漫,而从棋坛引退,就此偃旗息鼓,不妨以文会友:吴清源先生如此给自传命名,实在是别有一番意思。细读全书,棋盘之内的刀光剑影和棋盘之外的种种冷暖遭际已经渐渐消散,但是尚未净尽。尽管如此,"渡尽劫波兄弟在,相逢一笑泯恩仇",他已经有意识要平息这一切。中译本改名《天外有天》,不好。盖因知道天外有天,固然有积极向上的力量,格局也颇为宏大,但是,这毕竟只是中等层次以上就应该有的见识,而且,还有较为明显的胜负心,而吴清源先生早已远在这个层次之上(本文的引述采用中译本书名是为了遵从实际)。至于从"以文会友"到了"中的精神",正好比从《论语》到了《尚书》。在两部自传里,吴清源先生都不止一次说自己一生都在不断研读中国古代经典,而他从七十岁到八十八岁,直到百岁,对围棋、对一切的认识都在不断进步,也是凭借着经典的力量。

6.

1935年,曾经殷勤眷顾吴清源,并且有意对其传授日莲宗的西园寺公毅先生去世,这使二十一岁的吴清源"心灵深处仿佛顿时出现了无底的空洞,在难以解救的寂寞中,度日如年"(《天》P73—74)。少年漂泊,身负养家糊口、求生存的责任,在棋盘上埋头苦战,他需要有一种精神支撑。在这一年秋天的升段大赛之际,吴清源出现了神灵附体般的状态,他听到了内心的声音:"回天津!"于是,他向大赛请假,回到天津修行。可以说,"回天津"的声音,除了引导他皈依之外,另有一种象征意义:在此之前,他因留守天津的二哥吴炎而结缘红卍会;而在七年之前,十四岁的吴清源正是从天津坐船出发,到了日本——那时候,没有人知道,天将降大任于斯人:这个少年将成为围棋积五千年变化而下来之道成肉身。

多年以后,川端康成如此写道:

> 我觉得中国棋手的历史远比日本悠久,他的智慧在这位少年身上放射出来光芒。只不过是,在他背后的这一股强大的光源沉沦在深深的泥土里。无论是对个人还是对民族来说,人的能力常常会遭到这种命运。一个民族的智慧,过去光辉灿烂,现在有点减弱;或是过去到现在一直被埋没,将来却一定会发挥出来,这种例子也是很多的。

对于吴清源个人而言,这段话只能说是后见之明,因为川端康成写作的时候,已经充分领略了吴清源的天纵之才。尽管如此,这段话还是显示了川端康成非同寻常的、深邃而宏阔的眼光。直到今天,有这样的眼光,说得出这样的话来,也是极其难能可贵的。据说,日本围棋界人士大多只限于探讨吴清源先生的棋艺,这不奇怪,简直理固宜然。可是,就连中国围棋界某位前辈级的人物,也主张把吴清源先生只当作一位伟大的棋手,至于他晚年热衷谈论的哲学思想、中国传统文化等等,甚至于"六合之棋",好像并不值得特别重视。这当然不对,但是也无话可说。

在《中的精神》结尾,吴清源先生说:

> 创造围棋进步的是安定的精神动力。我自己,是由中国的古籍支持着。
> 八十七岁的我所走过的道路,应该可以说是追求中和的人生吧。(P217)

吴清源先生晚年提出"二十一世纪的围棋"（从时间来说）或"六合之棋"（从空间来说），都是"中的精神"或"中和"在棋盘上的运用和显现：

> 阴阳思想的最高境界是阴和阳的中和，所以围棋的目标也应该是中和。只有发挥出棋盘上所有棋子的效率那一手才是最佳的一手，那就是中和的意思。每一手必须是考虑全盘整体的平衡去下——这就是"六合之棋"。(P215)

既然是"阴和阳的中和"，那么"棋盘上所有棋子"应该理解为黑白双方的棋子。同理，"考虑全盘整体的平衡"必须把黑白双方都包含在内。而且，围棋之中和与平衡，不是静的，而是动的，它是变化着的中和与平衡。更重要的是，如前所述，围棋不在于杀棋，而在于活棋。威胁意味着考验，斗争意味着激励，围棋之中和与平衡意味着双方都在杀机中求生机。黑白双方承担着同样的天命，共同完成天机的演绎。至于胜负，则是双方竭尽全力之后必须接受的结果。胜负与中和之间似乎包含着无法调和的悖论。然而，一方面，"天地之大德曰生"，另一方面，"天地不仁"，这是天地之阴阳。天道就是如此，棋道亦是如此。

7.

吴清源先生晚年还提出了围棋中的一个更大的悖论，包含在他对"天元"的思考之中。在百岁致中国棋迷书里，他还说：

> 把第一手棋拍在天元,现在的年轻棋手们似乎已经没有人这样做了,这终归是件遗憾的事情。……用《易经》里的话来说,天元也就是无中生有的最原始的一点,占到这个位置,足以雄视八方。

问题在于,如果有朝一日,棋手都认识到了天元所蕴含的巨大能量,并且,都有能力在占据天元之后,发挥和运转它的能量,那么,执黑先行者就注定占得优势,这岂不是将会使围棋发生天翻地覆的大变化?——有理由相信,吴清源先生对于天元的思考应该不是无稽之谈。只不过,可以在吴清源先生之后继续探讨这个问题的棋手,不知道有没有出生呢。

围棋本来就包含无量数的变化。赵治勋说:"吴清源先生的棋完全是随机应变的好棋。"他的一粒棋子摆到棋盘上,每每进可攻、退可守,也可以腾挪、逃逸,也可以转换、放弃,可谓应变无穷。当代围棋与二十世纪八九十年代相比,速度更快,变化更多,正应了吴清源先生所言:"二十一世纪的围棋也要继续变化下去。"(《中》P207)就连围棋的规则,也在变化之中。在《天外有天》的结尾,吴清源先生就曾专门讨论规则问题。当然,围棋规则的改变仍然是为了更好地体现围棋之道,而不是像国际乒乓球比赛的各种改变那样带有乒乓球运动之外的因素。而上述关于天元的探索,倘若真的有所发展,几乎可以肯定,将会带来规则上的调整。

在此,不妨设想:能否集各国棋手的智慧,适当修改围棋规则,让它出现和棋的概率稍稍提高一点点?围棋的和棋与象棋的和棋大不一样。象棋的和棋，实际上两败俱伤，都已经没有力量杀死对方，最后的结果相当惨烈。而围棋的和棋，结局会很好看，将会自然显现围棋之美。当然，也不能让围棋太容易出现和棋。毕竟，物以稀为贵。围棋中难得一见的和棋，倒也误读式的应了一句古话：和为贵。和何以可贵？曰：和实生物。万物生生不息，此为天地之大德。吴清源先生说围棋的目标是中和，也应归结于此。

汪家明

父子合作的一个奇迹

上个月,《父亲长长的一生》再版,小沫寄我一本。书出得雅致,素面精装,内页上好的胶版纸,版面设计也舒朗,拿在手里,感觉熨帖。可惜小沫没有题字。十一年前,此书初版之时,叶至善先生已住进医院,扉页题赠文字,是嘱女儿小沫代笔。当时翻看一过,匆匆写了七百字短文,刊在报上。如今叶先生过世已近十年,重读之下,心里沉甸甸的,思绪常常荡开去,一些往事恍惚在眼前。

1999年7月,我编辑的《张家旧事》在美术馆东街的三联韬奋图书中心二楼开研讨会,多位张允和的老友与会,如张中行、黄宗江、丁聪沈峻夫妇、范用、姜德明等,叶至善、叶至美兄妹也来了。我读过叶氏三兄妹的散文集《花萼与三叶》《未必佳集》,很喜欢那些短小的、有真情实感、讲究文字的篇什。此次会上就向叶先生约稿,于第二年出版了他的散文集《舒适的旧梦》,其中的故事我已在另一篇文章《为叶先生编书》中写过了。需要补充的是,叶先生特别重视文中插图。他在来信中说:"我想,图片不一定都得从属于文字,如果能作为文字的补充,岂不更好。又想,图注一向是用来说明图片的,如果是读者一看就能明白的图片,尽可以不加注。最好能把图片的注写成独立的小记,跟正文相映成趣……我希望在'旧梦'中,能给半数以上的文篇配上图。收集图片是件麻烦事……即使图片都找齐了,安排版面也挺麻烦。最好是把全部文字统统按版面的行款先排出来,然后插入图片,调动版面……"按他的要求,我们先把文字按正式出版的尺寸排出来寄去,不过十天就收到寄回的稿样,只见上面贴满了要加的图片版式,而且根据图片的位置,算准了字数,另排了位置和页码,甚至连书眉都做了一丝不苟的调整。所有改动都用细小规整的文字标明。叶先生还做了一遍彻底的校对。这年他已八十二岁,对这本不足八万字的口袋本小书,几乎倾尽全力——老一辈编辑家的认真、严谨、科学、智慧,我是切实领教了。这份稿样,我珍藏至今。

从此与叶先生有了联系,进而结识他的女儿、同为编辑家的叶小沫。后来我在三联书店策划"中学图书馆文库",选入《文心》《国文百八课》,都是通过小沫。2004年5月,我去东四八条叶府拜访,叶先生正在写作《父亲长长的一生》。他说:"出版社约定这月交卷,他们就能赶在10月中旬,我父亲一百一十周年诞辰日,跟《叶圣陶集》前头的二十五卷一同见书。可我才写到'大跃进',后头还有三十个年头呢!看来我必须鼓起余勇,也来个大跃进……"这段话,他干脆写进了书里。

那天见到叶先生,模样与先前大为不同,须眉全白不说,还留了长长的胡须,胳膊和手明显肿胀,腰也弓着,全无一向的潇洒。小沫说,父亲老了,怕来不及,几乎不分昼夜在写,别的什么也顾不上。每天放下笔,累得连脱鞋的力气都没有了,一头倒在床上,大口喘粗气,把速效救心丸含进嘴里。小沫特地让我站在叶先生身后拍了一张合影,过后还送我一张叶先生正在写作的照片。告别出门,我跟同去的朋友说:"《父亲长长的一生》,真是好题目!叶圣陶先生有这样一个儿子,可谓奇缘。这本传记,一定会是一本好看的书。"我这样说是有根据的。编辑《舒适的旧梦》时,我就喜欢他的文字。他善于通过细节小事表现深情大义。尤其是,他与父亲共同生活达七十年,父亲还留下一生的日记,这是任何一个写传记的作者无法比的先天条件。尽管如此,最终看到这部书,还是出乎意料。我敢说,这是最好读的传记作品,是无法模仿、无法取代的一代文人的信史,是技巧高妙、独具风格的文学杰作。

说这本书好读,首先是它的写法轻松,不正襟危坐,像拉家常。叶先生开篇就说:"写传记,请允许我回到儿子的位置上,把父亲唤作'父亲',把父亲的朋友唤作'先生'……所有的称谓都复了原,下笔时候可以省却一些徒劳的思虑。"他掌握的文史材料可谓多之又多,可是没有一点休闲文人卖弄掌故的意味,处处透出真诚和正直。写到父亲与王伯祥、沈雁冰、胡愈之、夏丏尊、朱自清、郑振铎、顾颉刚、俞平伯、丰子恺、吕叔湘等人的友谊,并无形容之语,全是一些平实的交往细节。这些细节背后明明充满人情和感动,可是作者就是不说出来,让读者自己去感受。随便打开一页:

> 正商量间,绿衣人送来了朱自清先生的信,信上说第一师范还缺一位国文教师,请我父亲务必去帮两个月的

忙。又说在吴淞初见面,觉得有的是空闲,许多话尽可以在海滨散步的时候细细地谈,不想这场可恶的风潮来得这么猛,把兴致全刮跑了,说不定这一回能在西湖边上拣些回来……父亲看完递给我母亲,母亲一边看,一边笑着说:"怪不得是诗人,写的信都有点像情书。你倒是去不去呢?"

从这家常话中,是否可以看出一点《红楼梦》行文味道?

到第一师范后,叶圣陶和朱自清合住一间房,除夕夜里聊个没完,"桌子上点着一对洋烛。朱先生忽然看了看表,说做成了一首小诗,念道:'除夕的两支摇摇的白蜡烛光里/我眼睁睁瞅着/一九二一年轻轻地踅过去了。'"叶圣陶到老都记得这首小诗……这样的细节,全书俯拾即是。

说这本书是一代文人的信史,首先是父亲叶圣陶的信史。全书绝无拔高父亲之语,反之,对坊间一些想当然的赞誉,还进行了更正。叶至善生于1918年,1942年进入开明书店做编辑,其实他本人就是那个时代文化事业的参与者,他的父亲叶圣陶、岳父夏丏尊是开明书店的核心人物,母亲胡墨林、妻子夏满子都曾在开明工作。从儿子和父亲的角度,从家庭的角度铺陈传主的一生,是本书的一大特色。通过琐碎的日常生活,更可展示一个人的性格和品格。

1921年1月4日,文学研究会在北京成立,叶圣陶是十二个发起人之一,但他没去北京,而是待在角直的家里做儿童诗,诗中主角正是不满三岁的至善。应郑振铎之约,叶圣陶为《儿童世界》周刊写童话,半年写了二十多篇,《稻草人》是其中之一。后来叶圣陶一边教书,一边进商务印书馆编书,代理主编《小说月报》,鼓励沈雁冰、丁玲、巴金写小说;支撑开明书店,创办《中学生》杂志,编写国文课本;抗战中逃难,教书、编书、写书;建国前提倡民主、反对内战;建国后到京任职,侧重教育和出版,首要任务,仍是编写课本……这一系列现代出版史、教育史上记载的大事件,在本书中都变成了伸手可触的"家常",以传主为坐标,真实、朴素、具体而微地展开,披露了大量新鲜史料。比如,《文心》初版封面上有个副标题"读写的故事";1937年初,开明书店创刊了那时尚未见过的一种大型综合性文摘月刊《月报》——这是否启发了《新华文摘》的创办?《月报》的办刊宗旨很有意思:刊载各方面各种不同的意见和主张,唯独不许有自己的意见和主张;1945年日本投降,台湾光复,需用中国课本,急约开明书店,叶圣陶父子都参加了这项工作,这件事,似乎不太被人提起,当时编的课本也没见过;另外,"语文"这个科目,是叶圣陶提出来的,他还亲自草拟了新中国第一份《中学语文科课程标准草案》……

书中写到几位亲朋夏丏尊、朱自清、母亲乃至父亲的死,写法不一,点到为止:"岳父(夏丏尊)一口又一口嘘气,闭上了愁苦的眼睛,难道还在想什么,恐怕不会了……"

朱自清去世后,报社约叶圣陶写文章,"父亲忍泪挥笔,一口气写了两千多字,结尾却说:'写实在写不出什么,平时的友情,今天的悲感,化为几句话都是迹象而已,这有什么意义?'"

母亲去世后,"父亲跟我们三个说:'想来你们三个不会反对。医生说你们母亲症状特殊,希望家属都能同意,让他们做剖腹检查。我代你们都签了字。明天中午,去接母亲出院吧。'说完掩面回房,一个人坐在书桌前发呆。台灯亮了一个通宵。"

最后两页,写父亲去世:"那条绿荧荧的细线,跳动幅度发生了变化:大跳一下之后,幅度逐渐减少;有一大跳……节奏先还匀称,后来逐渐减缓,越来越无力,最后成了一条永无止境的直线,像要把所有的一切都划去似的……""像要把所有的一切都划去似的",这话,分量可不轻。

说这是一部文学杰作,无论语言还是描写,都有独到之处。我只抄这么一段:

> 回到镇上已经上灯了,父亲把我带到一家菜馆,拣张靠墙的桌子坐下……走出菜馆,向东不远出了光福镇,登上一条不太高的大石拱桥,桥的左首正对太湖。那天恰好是阴历十六,一轮明月已经升起,天上没有一片云,浩浩渺渺的太湖被照得上下通明。我跟父亲坐在石栏上看了许久,直到身上觉得凉了才回旅馆休息。那石拱桥叫做虎桥,说是吴王阖闾饲养老虎的地方。

我很惊奇书中描写的五六十年前的情景,那样多细节和故事,以及诗词、挽联、书信、文章,全都历历在目一般。可见作者做了多么充分的准备。

全书九十四节,似乎是对应父亲九十四岁的一生。即便理顺这九十四年故事的前后,也是一项庞杂艰难的工作。而这三十四万字的传记,自2003年1月5日写序,至2004年8月14日写毕,统共一年七个月零九天,细计为五百八十五天,平均每天写五百八十字。作为一位八十四五岁的老人,作为一个对文章要求极高,眼界也极高的作者,不啻一个奇迹。

李　昕

我对杨绛先生的三次道歉

杨绛先生在当今文坛上是备受尊敬的老作家。

我做编辑，先后在人民文学出版社、香港三联书店和北京三联书店工作。恰巧，杨绛先生正是这三家出版社的老作者。由于工作的机缘，我也便与她有了一些直接的接触。

其实我与杨先生相识较晚，那大概是九十年代后期，我在香港工作的时候。但是因为她过去曾在清华大学外文系任教，与家父同事，提到这一层，她老人家对我也便多了几分亲切。

这些年来，每逢春节或杨先生过生日，我总是要代表出版社问候老人家，有时也会登门拜访请教。见面时，谈得较多的自然还是有关出版的事，有时杨先生也会顺带谈谈她对当前社会、文化问题的看法，或回忆早年的往事。我和三联的同事都非常喜欢听她老人家聊天，感觉从中受益，长见识。然而，对我来说，在与老人家的交往中，留下印象最深的，还是我对她的三次道歉。

(一)

2007年10月,三联书店出版了《钱锺书集》第二版。这是一个以2001年第一版为依据,聘请专家花费四五年的时间进行全面校核,最后做出了必要的修订的新版本。但是在出版时,我们斟酌再三,并没有称之为"修订版"。对于这样一套学术文化界高度关注的文集,以这样的方式再版,其中的理由,是有必要做一些说明的。为此,我们在南京举办了一次新书发布会,由我代表三联在会上面对媒体介绍新版本的情况。

那天,我首先讲到不称"修订版"的原因有两个,一是学术著作内容上的修订应由作者亲自主持,而如今本书作者已经过世,其他人无法代替作者履行这一责任;二是我们进行的所谓"修订"一般来说仅限于编辑范畴,主要包括对编排形式进行调整和对第一版中的排校错误进行订正,而不包括对内容的修订。

我介绍说,《钱锺书集》第一版面世以后,对于其中一些内容是否需要修订以及如何修订,学术界是有过一些讨论的。作为必要的准备工作,三联曾经委托有关专家对《谈艺录》《管锥编》的引文进行过全面校核,对所有有疑问的地方做了详细记录,这些记录或可成为修订的依据和参考。但是在最后一刻,我们放弃了这种内容的修订。因为在一次集中征询相关专家学者和出版界前辈的意见时,大家达成的共识是,尊重已经故去的前辈学者的著作风格,应保留其原貌。

大家都知道钱锺书先生博闻强记,有老一辈学者说钱先生能背十三经,甚至能背十三经注释。他写《管锥编》《谈艺录》,依据的是他平时随手写下的读书笔记。而做笔记需要征引文献的时候,他常常仅凭自己的记忆,并不去核对原文。这样大量征引文献,便难免有个别地方记得不太清楚;另一方面,钱先生引用文献,有时候不是全引,而是略引,比如一首诗有四句,他引了第一句后,可能直接引第四句,中间甚至未加任何符号。这种情况究竟需不需要根据原始文献进行修改呢?

大多数学者专家不赞成修改。这是因为,一来钱著征引文献数量极大,古今中外,版本情况非常复杂,校改不慎,会弄巧反拙;二来钱先生的征引方式、著述风格,在他生活的那个时代,是许多学者通行的做法,非他所独有,可以说是一个时代性的学术风气。所以,保留那样一种著述面貌,既是对作者本人的尊重、理解,也是对今天的读者、对学术史的负责。

做了这些说明以后,我谈到了钱锺书著作的版权情况。因为是面对媒体给新书做宣传,我自然不免要强调三联的版本对于市场的独占性,这是如何的珍稀可贵。

我说,在中国,《著作权法》实施之后,一本书通常只在一家出版社享有专有出版权,但是为了支持和保护文化建设和文化积累,出版界有一个不成文的规定,或者说是达成了一种默契,允许作者在出版《文集》或《全集》之外,另行享有单行本的专有出版权。根据这一惯例,钱锺书著作原本是可以在三联的文集之外,由其他出版社另行出版单行本的。但是杨绛先生对待版权非常严肃和谨慎,她在三联出版了《钱锺书集》之后,便有意识地停止了钱锺书著作单行本与其他出版社的合作,结果《钱锺书集》共十种,其中有八种由三联书店独享中文版权。只是《宋诗选注》和《围城》这两部作品,在人民文学出版社的一再要求下,杨先生才同意保留该社继续出版单行本的权利。

我的这番谈话被在场的记者陈香完整记录下来,她写了一文题为《保留钱著原貌,新版〈钱锺书集〉不"大修"刊行》,发表在《中华读书报》头版。

杨绛先生平时对文化界新闻相当留意。她看到报纸后,有话要对我说,但是她老人家耳朵听力不好,通电话有困难,于是便让帮她料理版权的友人吴学昭老师给我打电话。

吴老师是吴宓先生的女儿,也是三联的作者,与我们很熟悉,她直截了当地说,这篇采访你的文章,可惹老人家生气啦。

我问为什么?她说,这篇文章前面90%的内容都很好,唯独最后一段,你说"在人民文学出版社的一再要求下",他们才继续享有《围城》和《宋诗选注》的版权,不符合事实。杨先生认为,你对人文社不公平。分明是人家早早就出版了这两本书,而你们三联才是"一再要求"出版文集呢。你说话怎能不讲先来后到?你做宣传,不能抬高自己,贬低别人。

我自知理亏,连忙请吴老师代向杨先生道歉。吴老师说,杨先生的意思是,这篇文章给人文社造成了不良影响,所以你要向他们道歉。

我自然无话可说,马上打电话给当时人文社的负责人潘凯雄,说明了原委,表达了道歉之意。凯雄听了哈哈大笑,说:"老人家为我们做主,你道歉我们照单全收了。"

这件事对我触动很深,我由此认识到杨先生待人处事最讲"公平"二字。

(二)

2009年夏天,三联要再版《陈寅恪集》,联系了江苏省新华书店总店,希望他们承担总包销。该店是三联的长期战略合作伙伴,对我们总是有求必应,大力支持,但是他们也总会根据具体情况,提出一些合作条件。这一次,他们同意包销2 000套,但是要求我们制作2 000张藏书票随书附赠。

藏书票怎么设计?美编考虑再三,计划采用陈寅恪先生名句"独立之精神,自由之思想",下面加上陈先生本人的印章。

使用印章,需要征求作者家属意见。但陈寅恪先生的三个女儿对版权都不熟悉,一时不知该如何处理。编辑便告诉她们,使用印章做藏书票,这事情不新鲜。上次《钱锺书集》第二版也是由江苏省新华书店包销,也曾用钱先生的印章做了一批藏书票。《陈寅恪集》只是循《钱锺书集》旧例而已。

由于陈家姐妹也与吴学昭熟悉,所以当编辑打电话询问印章使用之事时,她们便向吴学昭请教。

吴学昭把这事向杨绛先生通报。杨先生说,"藏书票,这事我怎么不知道?"

原来,2007年三联出版《钱锺书集》第二版时,无论是我还是编辑,都没有意识到需要就藏书票的事和杨先生沟通,出书以后也忘记将藏书票送给老人家过目。这可是个不小的疏忽。

杨先生生气了。她让吴学昭给三联的编辑打电话,说,"你们这样不尊重作者,我要考虑提前结束与三联的合作。"

当编辑把杨先生这番话告诉我时,我顿时懵住,血一下就涌到脑门上。要知道,钱、杨两先生,是三联多么重要的作者呀!

事后我才弄明白,杨先生之所以把问题看得很严重,不只是没打招呼就加印盖有钱锺书印章的藏书票,主要是因为她了解到,有人在网上高价拍卖带有藏书票的《钱锺书集》第二版。她担心此事是三联所为。她心里想的是,这些著作的出版,版税她自己分文不取,全部捐献出去,但是出版社却用这种方法获取暴利,岂不可耻可恶?

当然她是误解了,但是我们怎样才能解释清楚呢?

我问编辑该怎么办?她说事到如今,只能由领导出面解决。无奈,我只好打电话求助于吴学昭老师。请她帮我安排,我要到杨先生府上去负荆请罪。吴老师说,老人家现在气头上,怎么会见你?但是她还是热心帮忙的,建议我写一封道歉信,直寄杨府。

于是我便写信说明了事情经过,信里对杨先生解释说:

"2007年10月我们应江苏省新华书店总店的要求,印制了《钱锺书集》精装本3 000套,全部交给该书店包销,自己只留了几十套样书。书店方面为推广促销,建议我们给每一套书夹一张藏书票。我们考虑到藏书票的制作和收集本是文化人的闲情雅趣,并无太多的商业意味,附在书上不会为书籍带来不良影响,同时考虑到《钱锺书集》第一版出版后,我们曾为配有红木架的收藏本制作过一批藏书票,现在趁第二版精装本出版时再做一次,似乎不是什么新问题,于是便同意了对方的要求。因为书店提出这一要求时间较晚,当时3 000套书已发往南京,所以我们赶制的3 000张藏书票是单独包装后用特快专递另寄南京的。这些藏书票夹在书里(或贴在书上)之类的事情都是书店自己完成的,以后的情况我们也没有再继续过问。所以,可以说我们到今天也没有见过夹着藏书票的《钱锺书集》第二版。正是因为如此,我们也不曾想起要给三联自己留下的几十套样书配上藏书票的事情,在给您送样书的时候,有关编辑早已把藏书票这回事忘记了。这确实是我们工作上的一个漏洞,导致的结果是三联做了一件损害您的权益的事情,而且事前没有请示,事后又没有报告,以至您在两年以后才得知这件事。作为三联图书编辑出版工作的负责人,我为此事感到非常惭愧和不安,在此恳求您的原谅。"

信写好后,我找到三联出版制作部主任,问他两年前做的《钱锺书集》藏书票,他手里还有样品没有?他迟疑了一下,说,"我找找",便拉开了办公桌的抽屉,把里面的东西一件件地往外拿。当抽屉的底部露出时,我看到几枚藏书票安静地平躺在那里。那几枚藏书票正是用钱锺书印章制作的,编号3001-3004。我如获至宝,将它们和道歉信一起邮寄给杨先生,告诉她,这是残存的几枚。

我想,可能就是这几枚藏书票的编号说明了问题,解除了老人家对三联的误解。因为这批藏书票是专为江苏省新华书店特制的,1-3000号全部寄给他们,不在三联手里,而编号3001以后的几枚,两年来无人动用,表明在网上高价倒卖藏书票版本的人与三联无关。

我的信寄出两天之后,吴学昭老师给我来电话说,祝贺你,事情解决了。杨绛先生看了你的信,让我带给你一句话,说:"李昕是我老同事的儿子,我原谅他了。欢迎他有空到家里来坐坐。"

杨先生这么容易就改变了态度,令我如释重负。于是我知道,老人家真正关注和在意的,其实不是别的,而是一个诚信的问题。

(三)

2011年7月17日,是杨绛先生百岁诞辰。提前两三个月,我们就在编辑部里商量,应该怎样表达我们对老人家的祝福。这其实是一件颇费心思的事情。因为老人家生活简朴,清心寡欲,既不喜请客送礼,又不讲繁文缛节。钱瑗和钱先生相继走后,杨先生一个人和保姆一起生活,物质要求极低。家具不换,衣服不买,一双旧拖鞋穿了很多年。所以过生日时,我们要给她送礼,她总是说她什么都不需要。送花家里没有地方摆,送蛋糕家里没有人吃,若是送别的东西,可能是你给她送去,她当时收下,心里记得是你送的,等你下一次再去,她便说你上次送来的东西,已经在我这里放了很久,我也用不上,你还是带回去吧。

所以,在杨先生看来,如果你想给她祝寿,最好的办法,是你自己煮一碗长寿面,替她吃了,这样你的心意就到了。

老人家如此超凡脱俗,让我们除了给她送一张集体签名的生日贺卡、再送几本她喜欢看的书以外,实在想不出还可以做什么。

正在这时,中央电视台"读书"栏目主持人李潘来找我。她说要做一期给杨先生祝寿的专题节目,就在7月17日播出,希望我参与。我听了大喜,觉得这电视节目不是最好的百岁生日贺礼吗?

因为电视栏目是"读书",所以节目的内容需要围绕一本书。李潘说,就请嘉宾针对《我们仨》进行对话。她自己做主持人,嘉宾一共两位,我和北京师范大学教授张柠。

张柠是文化学者,擅长评论。所以李潘给我们分工,让张柠多谈些理论观点,让我多讲些故事。她会把不同的问题分头抛给我们两人。

　　录播的那天,李潘特意穿了一件大红色的连衣裙,看起来喜庆之极,想必是要借此向杨绛先生表达祝寿之意。张柠穿白底黑条衬衫,而我则穿了一件天蓝色的。三个人出场,服饰可谓光鲜亮丽。

　　李潘主持得有条不紊,张柠的口才极好,似乎不需要准备,便出口成章。我事先写好了一些卡片,但是上场后发现全用不上。摄像头一直对着你,使你根本无法低头去翻阅它们。好在我对钱锺书和杨绛先生书里书外的故事比较熟悉,便试图用一些故事细节说明某个观点或问题。

　　例如我谈钱、杨二老的人格,说到在"文革"时期某些知识分子趋炎附势为"四人帮"效力的时候,钱锺书先生可以拒绝人民大会堂的国宴邀请,追求自我身心的宁静,而杨绛先生更可以用照顾生病的钱锺书先生为借口,婉拒江青邀请她同游颐和园。他们这种淡泊明志,可谓彻底。

　　又如我说杨绛先生在钱锺书先生眼里,是最能干的妻子。家里的一切,钱先生都要依靠杨先生打理。家里的生活用具,例如电灯、水管、家具坏了,从来都是杨先生设法修理。这样下来,以至于杨先生到了九十高龄,仍然可以爬上桌子,再架上椅子,然后踩在椅子上,去修理日光灯管。她家屋顶的天花板有两个清晰的灰手印,就是老人家修理灯管时,用手扶着天花板时留下的。我还拍过这手印的照片呢。

　　最后我谈到他们的精神境界和高风亮节。我说他们夫妇三十多年不换房,不装修,不买家具,如今家里照样是水泥地面、白灰墙壁、最原始的铸铁暖气。但是他们把两人全部的版税,都捐献给了清华大学教育基金会,总数已超过1 000万元。他们在那里设立了一个"好读书"奖学金。这个奖学金的宗旨是扶助贫困学生,让那些好读书且能好好读书的清寒子弟,能够顺利完成学业。杨先生曾寄语受奖的学弟学妹,"永记'自强不息、厚德载物'的清华校训,起于自强不息,止于厚德载物,一生努力实践之。"

因为我和清华大学几位获得这项奖学金的孩子有过接触和交流,我还谈到这些孩子在清华成立了"好读书协会",定期举办"好读书"论坛,倡导阅读,成为表率。我也说到清华学子对钱、杨二老感情极深,1998年钱先生去世时,大学生们曾亲自动手折叠了上千只千纸鹤,用细线穿在一起,挂在校园主干道的树枝间、松墙上,那场面非常感人。

我讲的这些故事,可能给不少电视观众留下了印象。事后,曾有好几个朋友和我提起这期节目。

节目播出几天以后,吴学昭老师也来了电话,那口气挺兴奋,上来就说,"你们这期节目做得不错,杨先生也看了。"

我问,杨先生高兴吗?吴学昭说,用这种方式祝寿,杨先生高兴。但是,她又发现你有个地方讲错了。

我听了心里一惊,忙问,什么地方?

吴学昭说,钱、杨二老在清华大学设立的是"好读书奖学金",但是被我说成"好读书基金会"了。她说,设立"奖学金"比较简单,但是建立基金会就不同了。那是得按国家有关规定成立的非营利性法人,需有规范的章程,有组织机构和开展活动的专职工作人员,还要申报民政部门批准,可向公众募捐。这两个概念不能混淆。所以杨先生让她告诉我,今后若是再提到此事,一定要把说法改过来,不要一错再错,造成别人以讹传讹。

我再一次请吴老师代我向杨先生道歉,这是第三次道歉了。虽然所涉及的事情不大,但是杨先生的严谨和认真,令我受教。

事后我想,杨先生的治学和为人,之所以那样令人敬仰,令人钦佩,可能就得益于她那种随时随地对于周边的一切都一丝不苟的性格吧?

奚美娟

风采依旧

3月28日是个周末,上午,赵兰英约了我和缪国琴,一起去瑞金医院看望周小燕先生。进了病房,只见周先生坐在靠窗的沙发上,前面是一张可移动的小长条桌,平时是用来吃饭的,但是周先生把小桌当成了工作台,上面放着一大一小两本笔记本、报纸、一个旧式放大镜,还有一份白色4开纸印的学科申请报告。她见我们进来,立刻开心地从沙发上站起来,她和我拥抱并用法国式的左右靠脸表示欢迎,还和兰英、国琴握手让座。一阵热闹地搬移凳子后,我们终于坐定下来了。来之前兰英有过交代,周先生让大家不要买礼物,连花篮也不要带,因为医院不赞成在病房里放花,怕花粉对病人不好。我们表示理解,都没有特意买礼物。但我有个小例外,给周先生带了一个小胸针,是我在国外拍摄"花样姐姐"时买回的,实在觉得周先生戴了会好看,就破例了。周先生客气,说让你别带东西给我。我不好意思地说,你戴上会很漂亮的。

坐定聊天,发现周先生虽然身上穿了病号服,但还是淡淡地化了妆。我觉得她真是又周到又有修养,虽在病中,不失礼节,就这一点,许多人考虑不到,但周先生却这样做了。这样的礼数,是我辈要学习的。想起前一月,我也因病住进同一幢楼的病房里,朋友们过来看我,我居然没有想到要略施粉黛使自己更整洁一些,心里真是惭愧。

我们问,身体怎么样?哪里不好?她说只是心动过速,有点心慌。去年是眼压低了,影响了视力。她还幽默地解释说,这几天已经好多了,现在右眼没有问题,但如果把右眼蒙起来,左眼只能看见赵兰英,看国琴的方向就有点模糊,像是"雾里看花",美娟坐的角度就什么也看不见了。还说,我现在看人就像在演女特务,只能斜着看,说时还做了个乜斜的表情,把我们逗得哈哈大笑。小书桌上的放大镜很特别,有一个十五厘米左右的米色圆形罩子,罩子里面的玻璃放大镜显得很大,直径有小饭碗左右大小的样子,还有一个类似铝制手电筒模样的长把,放大镜罩子里面还有一个小灯泡,可以用来在晚上看东西。我觉得这个放大镜和以往见过的都不一样,就问她。周先生说:"这是张骏祥的遗物。"我说这个放大镜好特别,是什么时代的东西?周先生笑着说:"我也不知道,可能是他年轻时在美国读书的时候买的吧。"周先生的丈夫张骏祥是电影界的前辈,上世纪三十年代在美国耶鲁大学专攻戏剧导演和编剧,对中国电影事业做出很大贡献。说起张骏祥,勾起了周先生对他的无限怀念。周先生告诉我们:"张骏祥晚年生病,告诉我说他很难受,当时我因为身体好,对病人受难没有体会,就鼓励他:邓大姐说过,要和病魔作斗争,你要坚强啊。张骏祥病得眼睛也睁不开,嘴里说:那也要斗争得动呀。现在我自己九十多岁了,耳不聪眼不明,我才能体会到当年他说的那种感受了。"之后,我们在聊天聊到演员艺术上要"收放自如"时,周先生又一次说到张骏祥先生,说她年轻时候的一次演出,在台上唱得热情饱满,声音洪亮,觉得歌唱新生活就要这样热情洋溢。演出结束后,她问张骏祥,我唱得怎么样?张骏祥不说话,她又问,张骏祥低着头说:穷凶极恶,声嘶力竭。周先生说完哈哈大笑,说张骏祥真是一针见血,我那时还没有做到艺术上的收放自如。尽管张骏祥先生已经仙逝很多年了,但我们看得出周先生还是一往情深,似乎用这样谈笑风生的方式在纪念他。

和周先生谈天说地真是开心。她不知不觉又聊到唱歌。周先生说,现在有种说法,好像西洋歌剧的美声唱法是最科学的,其实只是因为西方工业革命发生早,他们在18世纪就发明了机器和一些医疗器械,包括喉头镜,可以看得见喉咙的构造,了解到声带的特殊性,这些科学技术帮助他们发现人体构造和可以提升对于发声方法的科学性,而不是说美声唱法就一定是最科学的。他们那种发声方法也有唱得喉咙声带肿大的,也有歌唱时糊里糊涂听不清楚的。更不是说我们的方法就一定不科学。说这些话时,周先生思路清晰,见解独特,语言表达简单明了,完全不像一个已经九十八岁的老人,让我们折服不已。

见她在一本小记事本上写的字刚劲有力,我们夸她,她说自己手劲还很大呢,我和国琴想试试到底是真是假,开玩笑似的和她扳手劲儿,果真是厉害,一不小心还真扳不过她。周先生来劲了,说:我的左手劲儿更大呢。我们一试,惊得叫了起来,照现在年轻人的说法,真是醉了……我们看到,这几天尽管生病住院,但周先生还在工作着,小桌上放着一份《全国艺术科学规划项目申报书》,是学生送给她审读的。说到工作,她告诉我们,有一次生病住院四十天,整天吃了睡,睡了吃,这样的生活真要使人变成废人了,她就闹着要出院,只有回到家,才能安心地工作教学。连医生也无奈。

听她说这些往事,强烈地感受到周先生强盛的生命力和创造力,思想的火花能够这样经久不息地闪现,正是源于她对生命的态度。她永远不把自己定格在已经是一个老人的观念上。2010年上海世博会开幕式上,我有幸和周先生坐在一起,那时候她已经是九十出头的人了,聊天中,亲耳听她说:"将来老了怎么办呢?"她说这话时那样的自信自然淡定,还说自己夏天有的时候还是喜欢穿高跟鞋呢,当时我真是被惊着了。生活中,只要心已老,再年轻的人也会显得迟暮。但只要心还年轻,生命就会有活力,生活就会有火花。这些道理已经不怎么新鲜,现代社会几乎人人都能这样勉慰自己,但又有多少人能够真正做到呢!无论如何,前天在她身边,这样的人生态度,让我又一次真切感受到,心灵吹进了春风。

闲谈中,我说到我们学戏剧表演专业的演员,讲究外部动作线和心理动作线的统一,优秀演员在舞台上没有台词的时候,心里的"动作线"是不会断的。但也有一些演员,在舞台上或镜头前,说完自己的台词就像没有事情了似的,会像局外人一样跳出戏的规定情景,看别人演戏了,此时,他的心理动作线是断的。周先生插话说:你们演戏说心里的"线",我们唱歌说的是"声断情不断",其实是一样的道理。兰英和国琴也都表示,艺术都是相通的。周先生停了一会儿对我说,你现在说话时的气息是对的,但气吸得还不够深,所以声音有点弱。兰英和国琴马上告诉周先生说:"她在舞台上说话声音可响亮了。"周先生的"声断情不断"给我很大启发,与表演学科一样,从艺术上的有意识训练到无意识的"自觉",这是一种境界,需要艺术家付出毕生的历练。我们利用周末时间来医院,初衷是探望周先生,却居然在病房里和我心中的女神交流起艺术来,真是让我开心之极,获益匪浅。

  周先生也很高兴,话也不断,说今年她的学生们提出要给她做百岁寿辰,廖昌永还建议把在全国各地的学生都请来,开音乐会。但周先生笑说:"人那么多,开一场音乐会不够,如果开三场,我就没命了……"说完又是哈哈哈大笑,快乐极了。虽然高兴,但她说不愿意做百岁寿辰:"做虚岁,不是要让我少活一年吗,我不干,哈哈哈……"看到老人这样的精气神,顿时觉得病房里充满了好气场。

  想起几年前,也是兰英领着,第一次到周先生位于复兴路的府上拜访,周先生亲手用精美咖啡具调煮咖啡,温馨的居家感让我始终难忘。虽然已经是耄耋之年,但她身上总有热情往外涌出,让我们感到放松自如,觉得可以和她平等交流对艺术的感悟,可以在一起开玩笑,一起开怀大笑。我们对她的尊敬毫不妨碍精神上的平等交流,我想,这是周先生修炼而成的心境,也是她血液里流淌的自然情怀。我喜欢这样的前辈,这样的艺术家!

  祝福周小燕先生健康和长寿!

张 莉

人和命运互相成全的可能
——写给2015年的三八妇女节

1.

我被微信里余秀华那张照片吸引。她穿着绿色的毛衣和黑色的短裙,身后是荒草、绿树、麦田和黄油菜花。她的头和身体是歪斜的,神情有些倔强。那个微信公众号推出的标题是"脑瘫诗人"。打开页面,我读到她的诗:"他揪着我的头发,把我往墙上磕的时候/小巫不停地摇着尾巴/对于一个不怕疼的人,他无能为力"。(《我养的狗,叫小巫》)稍微对文字有敏感的人都会意识到,这诗中有力量,有尖锐,有疼痛以及对那尖锐疼痛的不驯服。

这个女人,疾病与她相伴而生,成为她不可挣脱的一部分。也因此,她似乎比许多人更感受到个人在命运面前的渺小、无能为力。但是,这也可能让她体味到稻子和稗子的区别,感受被春天忽略的狗尾巴草、拼命开花的栀子花的感觉。

从什么时候起,余秀华开始领受她的命运,而不把这个命运当作负担的? 我不知道。但在诗句里,从2013年左右开始,你能看到她在命运面前的体察、沉思、挣扎和平静。即使是弱的,你也可以感受到她的不甘心,不屈服;即使这诗是从残缺身体发出来,你也能感受到一种精神意义上的整全。比如"爱",这是她诗歌常常出现的语词。"唯有这一种渺小能把我摧毁,/唯有这样的疼/不能叫喊/抱膝于午夜,听窗外的凋零之声:/不仅仅是蔷薇的/还有夜的本身,还有整个银河系/一个宇宙/——我不知道向谁呼救/生命的豁口:很久不至的潮汐一落千丈/许多夜晚,我是这样过来的:把花朵撕碎/——我怀疑我的爱,每一次都让人粉身碎骨/我怀疑我先天的缺陷:这摧毁的本性/无论如何,我依旧无法和他对称/我相信他和别人的都是爱情/唯独我,不是。(《唯独我,不是》)"

许多人都看到疾病之于这位诗人成名的标签作用,却并未看到她对这种伤痛的领受、消化、沉淀,并最终将其认成命运。疾病给人以疼痛,那就把这疼痛领下,写下;疾病给人以卑微,那就把这卑微体会;和疾病,和疼痛,和卑微,也和大地在一起。疾病是囚笼,写作则是她寻找到的挣脱之路,是自救。写作使她治愈,使她成长。她在试图以诗句使自己整全。

作为诗歌的普通读者,我想我和大多数转发、购买她诗集的人一样,并不将她视为中国最好的诗人。但是,她却是这些天来最打动我的诗人。作为她的同时代人,我们只需回答,作为此时代的诗人,她的诗是否打动了你,她是否写出了我们这个时代作为最普泛的人的共同感受?

  我不敢把我的心给你
  怕我一想你,你就疼

我不能把我的眼给你

怕我一哭,你就流泪

我无法把我的命给你

因为我一死去,你也会消逝

我要了你身后的位置

当我看你时,你看不见我

我要了你夜晚的影子

当我叫你时,你就听不见

我要下了你的暮年

从现在开始酿酒

（《阿乐,你又一次不幸地被我想起》）

她写出所有经历过爱情的人心中那种百转千回,她写出爱的普遍感,写出深爱者的痛心和卑微。她的诗中有她,也有我们。为什么要以脑瘫、以审丑甚至更为鄙视的字眼来形容写出这样诗句的诗人？这位诗人,之所以被百万次转发,原因在于她在以诗句凝聚我们,她以真诚、贴心贴肺打动我们,她使诗在某一刻成为我们日常生活讨论的中心,——这难道不是属于诗人和诗歌的荣耀？

作为读者,我尤其被余秀华关于父亲的这首诗打动——

我要挡在你的前面,迎接死亡

我要报复你——乡村的艺术家,

玩泥巴的高手 捏我时

捏了个跛足的人儿

哪怕后来你剔下肋骨做我的腿

我也无法正常行走

请你咬紧牙关,拔光我的头发,戴在你头上

让我的苦恨永久在你头上飘

让你直到七老八十也享受不到白头发的荣耀

然后用你树根一样的手,培我的坟

然后,请你远远地走开不要祭奠我

不要拔我坟头新长的草

来生,不会再做你的女儿

哪怕做一条

余氏看家狗

(《手(致父亲)》)

  如果你能想象这个行动不便又心地如此敏感的女儿如何心痛于自己不能尽孝,便能理解那令人心痛彻骨又无能为力的父女之情了。这首诗让我一下子想起她在"锵锵三人行"中朗读自己诗句的声音和表情。那是什么样的声音?那是我们时代受伤者的声音,含混、低微、呜咽、痛楚,与那种字正腔圆的表达迥异。无论你读过多少诗,听过多少诗朗诵,你依然会被这种声音打动的。那是有人的声音的诗,而不是玩弄诗艺的精英语词。你不得不承认,作为疾病的承受者,这个人感受到更多,也有能力写下更多,她写下了我们感受到的但无法成诗的那部分。

看到电视屏幕上那位永远不能端正自己身躯的农妇,看到这位写出如此真挚语句的诗人,我想到她与命运之间的关系。命运给予她磨难。但命运也给她更多的思考身体、灵魂、自由和精神生活的机会。她没有让这命运的独特性溜走,她感受这独特,又将这独特上升到一种人类的共性。在访谈中,这位诗人深刻地提到独立精神生活的重要性,她意识到一个女人、一个人成为自己的重要性;她说起自己的灵魂与肉体之间的冲突,进而不得不把这冲突放置于写作中。她的言说如此具有感染力,以至于主持人脱口而出:你说的这些感受,我们也有。

人们都看到余秀华以诗句、以脑瘫二字暴得大名。但是,诗歌不也因她而重新焕发光芒?"而诗歌是什么呢,我不知道,也说不出来,不过是情绪在跳跃,或沉潜。不过是当心灵发出呼唤的时候,它以赤子的姿势到来,不过是一个人摇摇晃晃地在摇摇晃晃的人间走动的时候,它充当了一根拐杖。"(余秀华)今天,我们每个人都能记起她的句子,也都承认,余秀华遇到诗歌是她的幸运,可是,我们为什么不进一步承认,诗歌遇到这个敏感、多情、坚忍的女性也是一种美好?——我们因余秀华的诗歌而重新意识到诗本身"可以兴,可以观,可以群,可以怨"的魅力;我们因为她而重新意识到诗是艺术也是信仰;我们也因为她而认识到,诗歌是宗教,是渡他人于苦厄的小舟,是救一个人和一个人自救的方法。

2.

余秀华在电脑前的照片让我印象深刻。一张是她在电脑前,聚精会神看屏幕的,另一张,则是她并不灵活的手指落在键盘上。2003

年左右,余秀华开始在网络上写诗。她知道了"网吧",知道了"论坛""发帖""灌水",她把写过的诗歌贴在论坛上,她在网上下象棋、打扑克、斗地主,也写文章,网络成为她全副身心的寄托之地。

足不出村行动不便的农妇因为网络而有如插上双翼。

余秀华从网络中获得了什么?也许从她的诗歌中可以找到答案。余秀华的写作在2013年有一个飞跃,这离她初次上网贴诗歌作品已过去十年。蜕变显然与她阅读经验的累积有关,去过她家的记者都写到,她的家里书并不多,也没有足够的钱购买图书,但这看起来并没有影响她的阅读。从她的谈吐和对诗歌的理解上看,她比我们想象得阅读广泛,也远远超过所谓"残疾诗人"的认知力。

也许我们应该正视网络时代为这位女诗人提供的各种机会,阅读、交友、恋爱、遇到各种各样的人,虽是足不出户,但她在精神上并没有受到束缚,网络成为她看不到的手和脚,她的触觉四通八达。极有意思的是,她在论坛里也并不像小白兔一样谦恭,她有她的火爆脾气,有人咒骂她,她还击;有人利用网络攻击她,她同样在网络上回答,并不示弱。她在网上与人交往,与人讨论爱。她是那种接受并正视这个网络时代一切的人,她能把那些不利的转成有利的,而不是被它压垮、碾碎。所以,你可以在网上看到一个农妇的咒骂和嚎叫,也可以在诗里看到她的平静沉静和对爱的向往。

无边无际的网络经验使余秀华的诗句不再属于黑夜和一个人的呓语,更多时候,她的爱属于大地、田野和广阔的远方。即使不能行动自由,即使现实中语言表达不清,都丝毫影响不了她诗歌中的表达。这是多么可贵的机会。她从中体会人间的一切,正视疾病、爱和命运,并试着从这样的经验中写出人类共有经验。

怎样寻找到疾病的敏感但又不溺于疾病本身?这一直是被疾病困扰的写作者们的难题。许多写作者都在挣脱束缚。而对于余秀华而言,除此之外还有其他许多道德条框。一个已婚女人,一个行动不便且面容并不姣好的女人,怎么可以写下《穿过大半个中国去睡你》?她实在惊世骇俗。

许多人只看到那句"穿过大半个中国去睡你",但却看不到她的诗本身的开阔和辽远。她写下爱的强悍,爱的无理,以及爱的动荡。也许,正是因为这些诗句,许多媒体记者都去追问这位女诗人的爱、性、婚姻。问题中有好奇,也有猎奇。采访中多少记者好奇她的爱、婚姻与性,你就知道这个女人要冲破多少束缚才可以表达那些情感。

在"锵锵三人行"中,我注意到她说到爱时的复杂表情;她说起别人面对她的爱情所表现的恐惧;她说起自己灵魂对肉体的不满意,也说起自己又丑又残疾像卡西莫多,会吓到自己爱的人。这真让人唏嘘——余秀华诗中表达得有多么真挚,你就知道她从爱的体验中获得的情感有多圣洁。在采访中,她并不回答那些有关婚姻和性的问题。余秀华有她的幽默,也有她的从容。即使批评她的人有些像唐僧或者如来佛祖一样"法力无边",但如果这个人不做孙悟空你又奈她何?

作为一位女性写作者,新媒体时代的余秀华所获得的自由远超过了当年伍尔夫所设想的。她没有一个人的房间,不是一个行动自由者、一个挣工资者,也不是一个自己可以养活自己的人,但这也并没有妨碍她成为自由的写作者。当然,更重要的是内在,余秀华身上有天然的冲破框架的能力、独立感受和独立表达的能力,那种"不在任何事物面前失去自我,不在任何事物——亲情、伦理、教条、掌声、他人的目光以及爱情面前失去独立思考的能力",在一个"不怕疼的人"面前,世俗意义上的条条框框都土崩瓦解。她处于低微,依然强大。

你能想象那一瞬吗?每个人都在那里沉默地刷着手机,每个人都在同一时间里阅读同一个人的诗句,短短几天,近百万人按下他们的转发键向朋友们推荐。那真是微信时代神奇的一瞬,百年前和百年后的人们,都无法体会到我们此时此刻的感慨和被一个人的诗句刷屏时的眼花缭乱。——她的诗句像芥末一样辛辣,足可以使所有手机读者为之凛然一震。比如"巴巴地活着,每天打水,煮饭,按时吃药/阳光好的时候就把自己放进去,像放一块陈皮",比如"我只想嚎叫一声,只想嚎叫一声/一个被掠夺一空的人,连扔匕首都没有力气"……你不得不承认,这些诗句以真挚,以卑微,以疼痛,以不驯刺激着手机用户的阅读趣味。当转发者们抬起头时,一个诗人的名字和她的诗句就这样传遍大江南北。微信时代,余秀华和她的诗句恰逢其时。

3.

我想到民国杂志《礼拜六》80期封面,两位现代衣着的女性面对铁轨轻松交流,脚下是简易的行李,远方开来冒着浓烟的火车。图片关乎女性远行与自由,火车的到来使女性生活发生革命性变化。这个神奇的外力有助于她们成为她们自己。那张图片作于1915年,离今年整整一百年。余秀华对着电脑写作的照片与百年前的图片有异曲同工吧？网络使余秀华们的自由表达成为可能。

但，令我念念不忘的还是横店村几位女村民挤在一起用手机看余秀华新闻的那张照片，我难以忘记她们惊奇、兴奋而激动的笑脸。手机里是陌生的余秀华，是那个除了打麻将干农活喂兔子之外的余秀华，是最终挣脱了残缺的身体获得人们尊重的余秀华。我以为，这是2015年三八妇女节最卓有意味的图片，它代表了残障者、农妇、女性、人类在今天这个时代的多种可能：人类跨越残缺寻找整全的可能、坚韧地写出美好诗句的可能、人和命运与时代相互成全的可能。这"可能"当然首先对余秀华本人深具意义，但也对我们这个时代的每个女性、每个人都意味深长。

罗青山

自 珍 者

几年前,我孩子跟蔡皋兴致勃勃地研究青蛙的生活,那时候我孩子正换牙,她问我孩子:"你说,它长后腿会不会是跟你换牙齿一样的感觉呢?"她跟孩子的沟通方式给了我一种全新的角度,后来交往越多,我才发现,那根本就是她的语言。可以想象,这种描述和疑问,假如放到她的画里,会是什么感觉呢?对于孩子而言,搞清楚蝌蚪到底是先长前肢还是后肢,与体会蝌蚪变为青蛙的成长的感觉,到底哪个重要呢?

答案是有的,就在她的图画书里,在她不遗余力的儿童阅读推广上,在她与每个小朋友的友谊里。——"每个孩子都是内在充实、有情有爱的人。所以,为孩子们的创作,都要让孩子们感受到爱和快乐。"

所以,她请求孩子们的爷爷、奶奶或者爸爸、妈妈抱着孩子讲故事,她说"温暖的怀抱、温馨的时光是如同幼芽一般的孩子最好的温床……"

所以,透过她的描述,即使是毫不起眼的小事,也可以变得新鲜有趣。"小孩子醒来好有味哦,先是用嘴巴发布消息:爸爸妈妈,我醒了。继而,用小手揉啊揉啊,揉眼睛,再睁开眼。完完全全身体的苏醒,是人本身的动物行为,像种子萌发的那种情感,柔中有刚,是挺!往上、向前,迎接住新的每一天。大人呢?大人对于一天的感觉是如此迟钝,非得要看到什么、想到什么,才会有惊喜,简直是个笨蛋呵。"……

因为她是这样的人,把健全的人生态度当作种子,所以,她所有的作品里,蕴含的是她对人生、生命的思考。在她的语言里,植物、花,凡是生命的、与泥土有关的,种种,都被她赋予了她的色彩,那是慈悲的,简单的,单纯的,然而,非常丰富,充满力量。

她画过很多的花,人们常说花开富贵、花开花谢,她是怎么看花呢?花是生命的灿烂,花孕育了种子。《桃花源记》里的桃花,她着意地用了明绿衬托,她说,在中国民间,桃关乎春色,关乎风月,关乎康乐,而那样的乱世,桃花就应该是这样子的,灿烂而庄严,是和美而康乐的一种向往。花事一不小心,就会成为文人笔下的伤感,蔡皋也会有的,她阳台上的花凋谢的时候,第一朵谢时,她怜爱,第二朵、第三朵,还是怜爱,她看它们的整个谢的过程,一瓣瓣,落地上,落叶子上。还有其他的开得正盛,只要把目光放远,仍是满目春风。所以有了晨光里莲紫灰的紫藤、夏夜皎洁的昙花、春天无名的小草,生生不息,在她笔端千姿百态。

尊重自己的人生态度,听从内心的召唤,这是蔡皋的坚持。有次我问她《桃花源记》里"山有小口,仿佛若有光",这个明暗对照关键的一处,为什么她只画了个条形洞?她说:"原因只有一个——我不爱钻洞,阴森森的。这不是我要的。"她要的是什么呢?在讲完故事后,脱离文本地画一条小船,"我的意思就是:假如你要去寻梦,这里有只小船,去找吧。""我要鼓励自己做一个努力发现人生的光明处的人,否则,我觉得自己太可怜了。"

她是诚敬的,诚敬到认命——"没办法呀,就是这么个蠢人子。"在我看来,蔡皋真是一点都不谦虚。"蠢人子"就是在集体失语的时候会发出别的声音,质疑自己的时候可以摸着胸口说话呀。

"蠢人子"的底气还在于她的活水源头——民间,她认为,民间之所以成为民间,是因为在极端的大红大绿色彩与它的却又左右逢源之间,在命与理想之间,有一种调和——实用、真实,一切不实用的、不真实的,即使是再华美的语言、逻辑、思想,都是零价值(此处蔡皋原话可是"狗屁",哈哈)。这就是蔡皋的民间。这种民间会在她的绘画中以具体的影像充满情感地爆发。所以,如果把《桃花源记》铺开来,湖南人一看,嗬,这就是湖南啊,江南人一看,嗬,这就是江南啊,中国人一看,嗬,这就是中国啊。发现真实,并创造出这样宏大的美,这才是真正的蔡皋,她的这种才华,不只是画家功夫可以做得到。

我有幸看她的一些作品的创作过程,她善于挑细节却从大处着眼,细节是充满了灵性的细节,大处是充满了古典的婉约与豪迈、民间的大俗与大雅的大处。

画24节气,谷雨,她画上一砣一砣的金子,为什么呢?俗话说得好啊,"春雨贵如油""雨生百谷",农民盼的是雨是收成是活命的东西呀。要是画杜鹃夜啼、牡丹吐蕊、樱桃红熟应时之自然景物,那又何必叫"谷雨"呢?这就是她的情怀:要一个真实的民间。

孟姜女,多少人画过的题材呀,她多次和我说:"我要把她画得很美。"当然不只是指她的外形美。她美,是因为她爱一个人;她美,是因为战争之外她曾拥有静好岁月;她美,是因为她穿越万水千山坚信可以找到夫君……那么,她穿什么衣服呢?秦代庶民着素色衣,那个时代的素色是今天的哪种素呢?她的发型是什么样子呢?婚前婚后发型怎么变化的呢?她应该叫孟姜女?还是应该换个如碧奴啊什么的名字?她的行走路线,她会经过一些驿站?一边是小户农家的田园生活,一边是战争、修长城的场面,两条线如何展开又交织?传说里的每个元素她都要去搜集爬梳、推敲解剖,脑子里无数次地构图,像电影导演似的,一遍又一遍地设想:她是南方人,因为传说里她家是"种田",而不是"种地","种田"是南方的习惯称呼;她应该是眉眼顺顺的,幼时是天真烂漫的,寻夫途中依然衣着整洁,焦虑在眉眼和步伐中……

蔡皋是生活和艺术不分开的,她有艺术,有生活。我也记几则。

有次去她家,她说要给我尝一种好玩的"馒头",是一个友人送给她的,吃完,我嘴巴一抹忘记了这回事,后来偶尔一次翻她的写生本子,那里面夹着几方裁剪下来的包装纸,还有画下的示意图,旁边的一些文字是她对那包装上的外文字"结结巴巴"的理解。从她的本子里,没吃过这"馒头"的人会看见:盒子大约是一本32开的书那么大,粉色的亚光纸上印了一束不甚浓烈的绛红枫叶,打开这层包装纸,露出本白色硬纸盒,上面是浅浅的若有若无的类似水印般的枫叶,再打开,塑纸袋里两排小得只有婴儿手心大的点心,浅褐色,枫叶状,掰开,里面的芯子是粉紫色……按她这样一层一层"打开",感觉不再只是好玩,简直有点隆重了。

她也告诉我宏村的农家菜饼,那是当地女人的拿手小吃,"有个女人特别聪明,她的萝卜饼就跟别人的不一样,她要用石头,一块有花纹的石头压一压,萝卜饼的周边就薄一些,炸出来就脆一些。"

　　有味的事情真是很多,还有一次晚上电话她,电话那边是开心的嘿嘿的笑:"你猜猜我在做什么?"她在做什么呢? 她在补铁桶。一个人,一只旧铁桶,她把铁桶对着光,见漏光处就贴个胶布。怕有遗漏的小洞,就把家里灯关了,黑漆漆的,拿个手电筒对着桶底照,黑灯瞎火地补铁桶⋯⋯这样一个人,做这样一件事,她觉得很好玩。"用久了的东西,顺手了,就喜欢,舍不得丢,这也是敝桶自珍吧。"黄晦闻句:"未开梅在盆中活,已敝裘施鞸外缘",破了边的裘衣,用绸布滚好边,仍旧整齐耐久。这种自得,带点私人性质,大概也是她常说的有味之一吧。

　　蔡皋于我亦师亦友,她带给我快乐,给我人生教诲。我会记得在我徘徊无依的时候她给我的鼓励,她只凭电话里的声音就可以感知我不高兴的情绪,她会说笑话给我听,然后问"你高兴些了吗"? 我不吭声,她又说"看来还是不高兴",不是的,其实我已感动无言,真的,很感动。写这篇文字的时候,只恨笔拙,生活有太多值得我永远珍爱。又记起某个夜晚,几个熟人静静地等待昙花开放,伴着潺潺的流水,伴着淡淡的花香,我记得她轻轻地吟唱,满心欢喜:

　　　　正月里采花无哟~花采,
　　　　二月间采花花正开,
　　　　二月间采花花哟~正开,

三月里桃花红哟~似海，
四月间葡萄架上开，
五月里石榴尖对尖，
六月间的芍药赛牡丹，
七月里谷米酿成酒，
八月间闻着桂花香，
九月里菊花怀里揣，
十月间的松柏人人爱，
冬天腊月无花采，
霜打的梅花遍自开……

熊月之

章太炎的心疾

今年是邹容逝世110年。每想到这位年轻革命家的死,总会联想到章太炎那懊丧不已、抱愧终生的神态。

事情得从邹容入狱罹难的一个细节说起。

1903年6月29日,"苏报案"发生,租界警探到苏报馆捉人,报馆账房程吉甫被抓,馆主陈范等逃逸。6月30日,警探再来苏报馆,章太炎被抓。7月1日,邹容主动到巡捕房投案。

本来,警探前两天来报馆抓人,邹容已从后门逃出,经好友张继介绍,躲到虹口一个传教士家里。那时,闻讯逃走的人很多,除了陈范、邹容之外,章士钊、吴稚晖等,都是闻讯逃避的。专程来沪督办此案的江苏候补道俞明震,在案发前故意走漏风声,其意也在让涉案诸人远走高飞,不想动真捉人,酿成大案。陈范后来逃到了日本。邹容如果藏匿不出,警探绝无到传教士家里搜人的可能。

那么,邹容为什么要投案呢?关键在于章太炎的一封信。

章太炎被捕以后,本不把被捕当回事。此前,上海激进分子已被传讯多次,吴稚晖记述自己被传过六次,每次都是问问有无私藏军火、制造暴动之类，在得到否定的回答之后，每次都平安归来，然后生活如旧，宣传革命如旧。这是章太炎能逃不逃的重要原因。没想到，租界当局这次动了真格。章被拘以后，当晚没被放回，这才感到事态的严重。章之所以被抓，原因之一是他为邹容的《革命军》作序。他觉得，邹容如果不到案，则所有关于《革命军》的罪责都将落到他一个人身上，如果邹容到案，则两人各担其责。于是，他给邹容写了封信。邹容得信以后，这才投案自首。

章太炎的信并未流传下来。他在信上究竟写了什么内容，已不得而知。但是，章在事后曾解释自己写信的初衷："《革命军》为蔚丹所著，仆实序之。事相牵系，不比不行。仆既入狱，非有蔚丹为之证明，则《革命军》之罪案，将并于我。是故以大义相招，期于分任，而蔚丹亦以大义来赴。"（章太炎：《再复吴敬恒书》，《民报》第22号。）所谓"大义相招，期于分任"，就是临难不苟，各负其责，好汉一人做事一人当。这件事中，章、邹都讲大义，但境界不同，在章是以大义责人，在邹则以大义自担。

经特别法庭审讯，章被判监禁三年，邹判二年。入狱时，章三十四岁，邹十八岁，二人年龄悬殊，阅历、学养各异，抗挫折、耐寂寞能力都有很大差距。结果，邹容在1905年4月3日瘐毙狱中，离刑满出狱还有不到三个月。章太炎则坐满了三年，1906年出狱，随后东渡日本，继续他的人生道路。牢狱三年，章太炎扎扎实实地学了三年佛学，晨夜研诵《瑜伽师地论》，出狱时，容颜丰润，又白又胖。

邹容之死，是由许多环节造成的，其中，章太炎的信无疑是极为重要一环。对此，章太炎自然明白。因此，邹容死后，章太炎"往抚其尸,口张目视,恸不能出声"。他既为战友、狱友的离去而恸哭,也为自己两年前的那封信而愧悔。从此以后,邹容之死便成为章太炎的一块心病。

邹容死后,章太炎有过很多怀念、纪念邹容的活动。他多次在演讲中深情地回忆过邹容的事迹,1907年作《邹容传》,1918年,在云贵地区为国事奔走时,曾山一程水一程地专门到四川巴县邹容祠堂,进行祭奠。1922年,他到上海华泾祭奠邹容,参与为邹容修墓立碑事宜,亲自题写"邹容之墓"四字。1924年,作《赠大将军邹君墓表》与《赠大将军邹君墓志铭》。最能体现章太炎愧疚之情的是,他在住所的墙上,挂了一幅邹容遗像,前置横板一张,上设香炉,每月初一、十五沐手敬香,为邹容祈祷。据章太炎弟子回忆,章太炎晚年迁居苏州,亦在家中悬挂邹容遗像,为邹容上香,直到逝世。

章太炎为纪念邹容做了这么多,超过他为同时代其他任何去世友人所做的同类活动。这么做,至关重要的一点,就是他内心有愧。邹容死后,这就成了他的心病。1906年出狱以后,这个心病在他内心越发沉重。他曾设法驱散心头阴影,化解心结。1907年,他作《邹容传》,对于邹容被捕,强调了两点,一是吴稚晖告密,二是邹容"闻余被系",主动投案,对于他自己给邹容写信的细节,只字未提。他强调的两点,都是为了减轻、弱化他的信在邹容去世事件中所占的比重。没想到,吴稚晖读了《邹容传》以后,撰文反驳,一是说明章、邹之事,原本公开,尽人皆知,警探抓人,无密可告;二是揭出了他致信邹容的事实。此后,章、吴曾为此事大打笔仗,你来我往,恶言相加,扰扰不休。但有一点是很清楚的,日后,章太炎在以《邹容传》内容为基础所作的《赠大将军邹君墓表》中,再也不提吴稚晖告密的事了,当然也不提自己给邹容去信的事。

从现代法理上说,邹容在入狱之前,已是清廷明令抓捕之人,章太炎所为,并无卖友之嫌。章太炎致信邹容时,也没有想到后果会那么严重。再者,坐牢两年,并不等于必然致死。因此,对于邹容的去世,章太炎并无直接的责任。但是,章太炎毕竟是在儒家思想熏陶中成长的,他在自省交友之道时,自然责己以严。东晋名臣王导,在当政者询问他关于好友周顗(字伯仁)为人与任职意见时,没有表态,也没有尽力保护,结果周顗被杀。王导为此很是自责,说是"我不杀伯仁,伯仁因我而死。幽冥之中,负此良友!"此后,"伯仁因我而死"成为中国文化中愧对良友的名言。熟谙魏晋典故、钦佩王导为人的章太炎,自然熟悉这一典故。他日后给长子取单名"导",是否含有愧对邹容、以示自责的意思呢?他没说过,但我猜想有。

前有失误,后存愧疚,章太炎仍不失为君子。

刘晓蕾

黛玉的明媚与哀愁

年少时读《红楼梦》,对黛玉的印象,是爱哭。等到读多了,年岁也见长了,看到的反而是黛玉的明媚动人。

是的,你没看错,就是明媚。

黛玉的天性,其实很活泼跳脱:听到宝玉胡诌"林子洞"里的耗子变香芋来打趣自己,便笑着要撕宝玉的嘴;学湘云的咬舌,笑她"二哥哥"和"爱哥哥"不分;见宝玉、袭人和晴雯闹别扭,她来一句:难道是争粽子吃不成?看宝钗洋洋洒洒地列了一堆绘画工具,便悄悄向探春咬耳朵:莫非她把嫁妆单子都写上了?打趣刘姥姥是"母蝗虫",给惜春的画起名曰"携蝗大嚼图"……引得众人大笑,她却一本正经地拉住李纨:"这是叫你带着我们做针线教道理呢,你反招我们来大顽大笑的。"

群体生活中的黛玉简直就是一枚开心果。能给别人带来欢乐的人,自己得有趣,这跟知识无关,关乎心性。林语堂说,"幽默是心灵的光辉和智慧的丰富",的确!幽默不是人人玩得起。贾政自告奋勇说笑话,讲的却是醉鬼喝老婆的洗脚水,成功地达到恶心人的效果,难怪贾母老撑他。

幽默的人，人人爱。王熙凤也会搞笑，她插科打诨，反应敏捷，口才一流，堪称高级段子手。不过，黛玉的幽默，走的是偏文艺路线，俏皮雅致。按宝钗的注解，凤丫头稍嫌粗俗，还是颦儿有文化，有格调。

林妹妹的可爱，宝玉最了解。恋爱中的人，误会是常态，但黛玉从不记仇，误会一澄清，就雨过天晴破涕为笑。当黛玉知道那晚晴雯没给自己开门，并非故意为之，便道："今儿个得罪了我的事小，倘或明儿宝姑娘来，什么贝姑娘来，也得罪了，事情岂不大了。"说着抿着嘴笑。宝玉听了，"又是咬牙又是笑"，颦儿颦儿，真真让人爱煞。

至于拿宝钗和黛玉比，说她不好相处，就像因一个人有几百个微信好友，另一个只有寥寥十几个，就断言前者比后者人缘好，未免武断。黛玉的世界简单明了，一个恋人，几个知己和诗。宝钗藏愚守拙，善于隐藏自我，会做人，黛玉则永远是她自己，一路真诚到底。对宝玉自不必说，湘云脱口说她长得像戏子，她不记湘云的仇。她和紫鹃多贴心，有哪个小姐和丫鬟相处得像闺蜜一样？是谁积极地教香菱写诗？和宝钗尽释前嫌之后，她各种掏心掏肺，再加深刻反思，觉得自己以前对宝姐姐不够公平。

所谓尖刻，不过就是嘴有点快，抢白送宫花的周瑞家的："别人不挑剩下的也不给我。"谁小时候不任性？何况也并没有说错，贾府的媳妇婆子可是人人都长着一对势利眼，小算盘打得啪啪响。

黛玉长得美。关于黛玉的容貌，有好几个版本，单单眼睛就有"似笑非笑含情目""似泣非泣含露目""似喜非喜"等不同写法。不像宝钗"脸若银盘，眼如水杏"那么具体亲切，这个少女，在曹公笔下,全是意态、风致,像雨像雾又像风。是虽不见花,却已花香细生,摇曳动人。她的具体装扮,书中也是极少描画,只有"琉璃世界白雪红梅",写黛玉"穿着掐金挖云红香羊皮小靴,罩着大红羽纱面白狐狸里的鹤氅,束一条青金闪绿双环四合如意绦,头上戴了雪帽",竟是如此的明艳俏丽。

大观园里的女儿,个个都如神明般美丽聪慧,宝玉每每在她们面前低下头来,心悦诚服,自惭形秽。毫无疑问,黛玉是其中最出类拔萃的一个。

园子里最重要的娱乐活动,就是诗社,人人都是诗翁,大家争当文青,连不会写诗的迎春,也安静地在树荫下串茉莉花,像一首诗。曹公甚至让薛蟠出门做生意,以便安排香菱搬进大观园,跟黛玉学诗。宝玉说:女孩子不做诗,岂不俗了!

诗是什么?诗是一种自我拯救,可以让她们暂时远离阴冷、卑污和压抑的现实,保有内心的柔软天真和自由通透的个性,让她们更是自己。海棠社,菊花诗,桃花社,咏絮词,让大观园灵性十足,成了一个独立而诗意的自由王国。

黛玉是诗人中的诗人,骨灰级文青。海棠诗社,宝钗写"珍重芳姿昼掩门",因道德形象出众,政治正确,被李纨推为第一,黛玉的"半卷湘帘半掩门"屈居第二,宝玉一百个不服气。这有什么!林妹妹是天生的诗人,她连写三首菊花诗,一句"孤标傲世偕谁隐,一样花开为底迟?"把菊花问得无言以对,博得全场喝彩,宝玉也心花怒放。待读到《桃花行》,宝玉更是禁不住流下泪来,宝琴骗他是她自己写的,他怎么会信!

他太懂她了！这两个人的气质与心性如此接近。所以,当听到黛玉吟出"一朝春尽红颜老,花落人亡两不知"时,宝玉不禁恸倒在山坡之上,巨大的虚无感瞬间击中了他。这个被遗弃在青埂峰下,从永恒之境坠落人间的石头,被命运选中,幻形入世,注定要目睹青春、生命和一切美好事物陨落的悲剧,收获彻底的荒寒和破败。这惘惘的威胁,让他成了一个悲观主义者,为了抵抗虚无,便喜聚不喜散,惟愿留住当下,美好永存。

有谁像他那样,于鲜花着锦烈火烹油之时,却被巨大的悲哀笼罩?

唯有黛玉,她能把他说不出的伤痛写成诗,她喜散不喜聚,这份孤独和清醒,比宝玉更决绝更彻底。宝玉看见残荷很难受,连声让人拔掉。黛玉却说,"留得残荷听雨声",不也挺好吗？既然死不可避免,不如翩然起舞,把残破升华成艺术,死有多绝望,生就有多热烈,这就是黛玉的生命哲学。

黛玉习惯独处,因为咳嗽也经常失眠。潇湘馆凤尾森森,龙吟细细,小径上长满苔藓,她读书、吟诗、发呆、失眠、喂鹦鹉……"密涅瓦的猫头鹰在黄昏起飞",孤独是一个人的自由时光,可以远离众声喧哗,和灵魂对话。孤独让她格外清醒,看见别人看不到的生命景象。

谁能孤独而自由？

在传统中国人心中,个人属于社会,最终要被社会承认。融入社会,就像一滴水汇入大海,一棵树隐入森林,安全系数高。反之,孤独,则是孤家寡人、孤魂野鬼,意味着与社会格格不入、被放逐。"哀吾生之无乐兮,幽独处乎山中。吾不能变心以从俗兮,固将愁苦而终穷",这是屈原的哀鸣;"万里悲秋常作客,百年多病独登台",是杜甫的自嘲;"门前冷落鞍马稀,老大嫁作商人妇",是白居易的自怨自艾,都是一肚子的不甘心。

人人都爱盛开的鲜花,只有黛玉会为落花哭泣,会在欢乐的芒种节,独自扛着花锄去葬花。《葬花吟》,是对青春,对生命,对一切美好然而脆弱事物的祭奠。夕阳西下,"半卷湘帘半掩门""倦倚西风日已昏",这个美丽的少女,在孤独中坚持着一个诗意的不同凡响的自我,这优美洒脱的姿态,可入"世说"。

魏晋的名士和才女,是宝黛的精神盟友。他们从骨头到血液到肌肤,都是风度,都是艺术。嵇康的青白眼,阮籍的穷途恸哭,殷侯宣称"我与我周旋久,宁作我",即使这个"我"并不完美。世界黑暗阴郁,他们却有一肚子的才华和无边的深情,他们是且悲且歌的艺术家。

还要有爱。

她愁肠百结,眉头"似蹙非蹙",是因为爱情。她爱的宝哥哥,最初对爱情的理解,远不如黛玉清晰而坚定。宝玉珍爱水做的女儿,男性的浊臭之气让他窒息,但他却有一个沉重的男性肉身,免不了和秦钟关系暧昧,跟蒋玉菡也掺杂不清,甚至跟袭人初试云雨情。

何况,还有鲜艳妩媚的宝钗,戴着明晃晃的金锁,坊间又有"金玉姻缘"的传说!"道生一,一生二,二生三,三生万物",万物因"三"而复杂。这微妙的三人关系,在书中处处呈现。黛玉和宝玉在一起说话,宝钗便过来串门,宝钗和宝玉两人闲谈,黛玉会摇摇地走来:呀,早知道你在这里,我就不来了。

身处花柳繁华地温柔富贵乡的宝玉,确实一度分不清爱情与博爱,"见了姐姐就忘了妹妹",面对宝钗"雪白的一段酥臂",傻乎乎地变成"呆雁"。这个对世间万物都温柔相待,"情不情"的少年,需要他的命运女神,带领他穿越懵懂混沌走向澄明,就像阿特丽斯引导但丁,杜西妮亚成就堂吉诃德。

宝钗容貌之美甚至超过黛玉,为什么宝玉独爱黛玉?宝玉把人分为男人和女人,把女人分为未婚少女和已婚女人,又把少女分为林黛玉式的和薛宝钗式的。这是宝黛爱情的基础。

黛玉和宝玉一起读禁书,一起葬花,一起当叛徒,他们有前世的渊源和牵挂……她从不说经济仕途的"混帐话",她毫不犹豫地扔掉皇帝御赐的香串:"哪个臭男人拿过的,我才不要。"她来看宝玉,会翻看宝玉案头新添了什么书,写了什么文章。她看着宝玉,说:"我为的是我的心!"她在宝玉送的手帕上写:"抛珠滚玉只偷潸,镇日无心镇日闲;枕上袖边难拂拭,任他点点与斑斑",敞开了生命去爱。而宝钗托着丸药来看望他,坐在一旁绣肚兜,在意的是他的世俗肉身和远大前程。

如果没有黛玉,没有她的爱和眼泪,宝玉的红尘之旅又会怎样?会不会是另一个秦钟?甚至,是另一个西门庆呢?

一切皆有可能。

在高鹗续书里,贾母嫌弃黛玉,王熙凤想出调包计,宝钗嫁给宝玉,黛玉被逼死。"薛宝钗出闺成大礼,林黛玉焚稿断痴情",这狗血的情节,生生把《红楼梦》的结尾变成了二流言情剧,暴露了续作者的浅薄和庸俗:通过归罪于几个坏人或小人,悲剧成了惨剧,除了引发眼泪和愤怒,并没有导向对制度、文化和人性的深层拷问。他甚至把黛玉写成了怨妇,喊出:"宝玉,你好……"然后两眼一翻,吐血而亡。这明明是被负心汉抛弃的霍小玉或杜十娘,怎么会是黛玉!

黛玉会死,但不会死于绝望。为爱而生,亦为爱而死,何怨之有?一切都成空又怎样,爱与美自会不朽。借用司汤达的话,这是"爱过,写过,活过",求仁得仁,是一种大圆满啊。

至于黛玉到底是怎样离开这个世界的,我并不关心。其实,书中人物的命运,曹公早在第五回就全面"剧透"了,《红楼梦》的结构如此特别,以前我以为这是作者艺高人胆大,但现在却觉得,其实这表达了作者对生命的态度:重要的是生命的展开,而不是结局。

《红楼梦》是本生命之书,浩瀚无边。曹公对他笔下的人物,都怀着爱和悲悯,即使对赵姨娘,也依然克制有分寸。宝钗藏愚守拙,一心做她的道德完人;王熙凤精明强悍,打造着自己的权力王国;栊翠庵的妙玉,偷偷地爱着宝玉;探春努力支撑风雨飘摇的大观园;晴雯没心没肺地撕扇,袭人在做姨娘的梦……宏大的卑微的,张扬的隐忍的,天真的世故的,都是生命。

生命本身也许并无对错,但"假作真时真亦假,无为有处有还无",应有真假之分。"都云作者痴,谁解其中味?"孰真孰假,见仁见智。

我关心的,是选择一辈子循规蹈矩,"步子笔直,道路狭窄"(雨果语),最后进了坟墓,歌还是没有唱出来,还是像黛玉那样听从内心,痛并绽放,孤独而自由,拥有一个真实而坦率的人生?

或许,二者并没有想象中那么对立。并不是每个人都能单枪匹马地挑战生活,我们甚至不得不低声下气,与现实讲和,但这并不妨碍我们有时候做做黛玉,或者,内心深爱她。

木心说:浪漫主义是一种福气,其实,浪漫主义也是一种信心。

只是,我们还有这福气和信心吗?

山 谷

前行永珍惜
——话本《蒋兴哥重会珍珠衫》读后

蒋兴哥,姓蒋名德,小名兴哥,湖北襄阳青年商人,婚后两年南下经商,留守家中的美貌妻子王巧儿,耐不住寂寞,在别人引诱下出轨,大半年缱绻,惜别分手时,将蒋兴哥祖上传下来的宝物"珍珠衫"给了情人。第三者是徽州商人陈商,他沉醉婚外情,终日将此衫穿在身上,在江南苏州枫桥商旅中,与前来买卖的蒋兴哥萍水相逢,因为蒋兴哥隐姓为商,以罗小官人名号经营,所以没有引起陈商的疑惑,俩人互相拜望,不时会面。蒋兴哥于聚会中目睹了陈商身上的珍珠衫,心中骇异,酒后的一番谈话,便断定妻子红杏出墙。面对突如其来的打击,蒋兴哥的愤怒是可以想见的,又苦又恨,"如针刺肚""把书扯得粉碎""提起玉簪在船板上一掼,折做两段"……他的家庭在千里之外的苏州枫桥有了明晰的、不幸的结果。

妻子出轨的事实使蒋兴哥怒火中烧,难咽苦果,首当其冲的决定是离婚、休妻。如何处理这场婚变呢?也许是他本身的修养和性格,也许是回家的路途漫长,有足够的时间冷静下来思考了所有的问题和解决之法,其后他的行为表现有理有节,处理得相当理智,一句话概括,就是以"情"处事,而不是以报仇和雪耻为要。

赶回家乡,望见自家门首,浮上心头的却是自己的检讨、自责:"当初夫妻何等恩爱,只为我贪着蝇头微利,撇下他少年守寡,弄出这场丑来,如今悔之何及!"蒋兴哥明白内中的道理,维系一个家庭的重要手段是沟通,长年累月的两地分居,无法交流往往是男女双方难以逾越的障碍,所以才有女子"商人重利轻别离""悔教夫婿觅封侯"之类的怨词,这里自然有生理的需求,更有精神上的苦闷,他既没有"恶向胆边生"的冲动,也没有"仇恨满胸膛"的报复举动,却有着内疚自省的愧意,其情其义于此可见。

归家的第一晚,他借口看望丈人丈母,在船上住了一夜,第二天以岳父母身体不适为由,请王巧儿回家探视,附上致岳父母的亲笔休书,理由是妻子多有过失,符合"七出之条"(古人休妻的七个条件:无子、淫佚、不事舅姑、口舌、盗窃、妒忌、恶病),但没有明言具体是哪一条;即便后来岳父上门再三询问原由,他也不恶言相向,逼急了,只回说祖上遗下珍珠衫一件,是令爱收藏,若在时,绝不说半个"休"字……

在他的心中,还余存着与前妻的一脉温情,毕竟恩爱过,虽然她背叛了自己,成为自己最熟悉的陌生人,但却抹不掉内心先前的过往深情,既然休了,就以宽怀善待为念。不仅如此,他还将前妻在楼上的所有细软统统打进了16只箱笼,贴上32条封皮,也是"针线犹存未忍开"之意;日后得知前妻再婚,他便将16个箱子连同钥匙交付之,算是当个陪嫁……充溢在他心头的,是"情"而不是恨,是对前妻不贞的惋惜,和对对方不够体察的悔意。

这是蒋兴哥应对已经发生的悲剧的独特方式,对过错方的宽容和温情,让前妻一家有了更多的生活空间,也让自己获得了心灵的平静。这些举动,反映了他个人的气质特点和所遵循的道德价值内涵,因为一旦用"情"介入家庭纠纷,就有化仇雠为友情的可能,不会恩断义绝,就会有类似今日协议离婚的处置方法,而不至于粗口詈骂、拳头相加,或搞得你死我活、家破人亡。

人情人性在这里有了最好的诠释。

用理性的手段去处理不得不解约的婚姻,是这篇话本故事的积极之处,也是可以让现代人学习借鉴的方式。一般来说,家庭分崩离析,夫妇离婚,大多不再重温情感,而是谋划孩子和财产两大纠葛,情感上过不去,财产上割不下,即便是孩子的探视权、抚养费等,最终依然是以财产或金钱的形式来协调,面对的是财与物,如何处理,取决于双方个性的发展水平,和各人总的文化修养。

蒋兴哥文明的举动,是对前妻感情的尊重,是对前妻一家人的尊重,也是尊重自己曾经付出的感情,把这份渐离渐远的情愫固化在心间,也为日后娶了陈商的遗孀,重会珍珠衫埋下了"好有好报"的伏笔。

人生要有情有义,首当其要的是应体现在对家庭和所爱之人的身上,男女双方灵与肉交融,百年修得共枕眠,是上天赐予的礼物,或者叫做因缘,是产生于道德和审美的基础之上的情与爱,其心态是宁静祥和的,是无怨无悔、崇高稳定的精神境界,因此在婚姻、爱情和家庭上,人们要尊重感情的位置,而不是抬高金钱的地位和价值,只有这样才有幸福的体悟、美好的人生感受,和获得美好未来的可能。

诗人李白曾在《平虏将军妻》中,借用被休的前妻的口吻叹息:"古人不唾井,莫忘昔缠绵。"古人远行之时,不会朝曾经喝过水的井里吐唾沫,是因为自己曾经受惠于此,不忘感恩和念旧之情,何况当初曾经情意深厚的夫妻呢?语气无奈、哀怨,直指人性的弱点,但对于情爱困局之中的世人却是良言提醒。

在婚姻家庭问题上,当爱已成为往事,面对婚殇家破之时,特别是因为第三者的插足而导致的不幸,被损伤的一方的态度最能体现一个人的胸襟、气度、修养和情怀,也因此,蒋兴哥的行为方式便能成为一个忠厚样板,让我们赞叹。

珍珠衫是祖传宝物,它是家庭稳定和睦的象征,而陈商身不离珍珠衫,其行径遭到了妻子平氏的怀疑,将它藏匿;蒋兴哥后来重新组织了家庭,对方是为探视病重后来病亡的陈商的遗孀,蒋兴哥重会了珍珠衫,也象征着一个新的家庭的建立。对此,在这个故事中,说书人有段很平实但很耐人寻味的话:"莫为酒色财气四字,损却精神,亏了行止。"这是对陈商、王巧儿之类的人的规劝,他们两人在"色"上亏了行止,其本人在日后受到了自我伤害,陈商病故,其妻沦为未亡人,这是天理昭彰的报应之说,但其积极的倾向,就是这种"损却精神"的行止一定会受到惩罚,这与"人在做,天在看"是同一层面的意思。

在蒋兴哥这边,他却没有在这四个字上亏了自己的行止,既没有为"财"、更没有为"气"而损却精神,他输了婚姻,却在情感的制高点上赢得了尊重,人生有了新的开始。

人生评价完全不依赖于你是否腰缠万贯,身份地位是否显赫,而是取决于你一生中与他人分享的爱和温暖有多少。生命的价值也不取决于人的聪明才智或是金钱地位,而是取决于人的道德修养和对社会的贡献。

前不久,一位艺人婚外关系曝光,他的妻子在"微博"中这样表态:"恋爱虽易,婚姻不易,且行且珍惜。"轰动流传一时。

从话本中看到话本外,我更想这样表达:婚姻不易,真爱更难,前行永珍惜!

梁永安

重要的时刻总是那么软弱
——重看《纯真年代》

"单身节"前夜,在首尔,把马丁·斯科塞斯导演的《纯真年代》(The Age of Innocence)又看了一遍。本来只打算重新看看其中几个片段,一开了头却停不下来,很凝重地看完了。这个电影是从伊迪丝·华顿的同名小说改编的,很想再翻翻小说原著,但人在异国,中文版无处可寻,于是从亚马逊下载英文版,与电影的几个镜头段落对比着读。

自己也有些不解,在一个生造出来的奇怪"节日"前夕,怎么会蓦然想到这个电影?读到小说的结局,看到一段久别重逢的文字,才恍然大悟:"这事最清楚地说明了世事变化之大。如今人们太忙碌了——忙于改革与'运动',忙于时新风尚、偶像崇拜与轻浮浅薄——无法再去对四邻八舍的事过分操心。在一个所有的社会微粒都在同一平面上旋转的大万花筒里,某某人过去的历史又算得了什么呢?"

伊迪丝·华顿是在1921年写下这段文字,那时一战结束,消费主义的新浪潮腾腾升起,精雕细刻的"老日子"恍若隔世,人们都席卷在万商更新、人人购买的欣悦中。在一个天天被陌生的年代里,"过去"是一个遥远的故事,无暇回望,也不值得判断。作为在上流社会的生活中历经沧桑的贵族遗绪,华顿显然对社会大众这种一往无前的文化决绝怅怅若失,她要溯流而上,把发黄的历史重新拉到公众眼前,于是她写了《纯真年代》。

小说情节并不复杂,主要人物只有三个,都是贵族圈里的年轻人:律师纽兰·阿切尔、女孩梅·韦兰和她的表姐埃伦·奥兰斯卡。纽兰曾经暗恋埃伦,但埃伦嫁给了一个很有"艺术气质"的波兰贵族。暗恋的那个人轻轻地走了,这种事在男孩的成长中很多很多,谁见过男人娶了自己的暗恋呢?正常的成长总是又遇上一个女孩,一下子打开人生叙事的正篇。纽兰也是这样,他相遇了梅,很自然地喜欢她的美丽和青春活力,进入到相恋、订婚的轨道。偏偏这时候埃伦从欧洲返回纽约,并且要跟风流的丈夫离婚。这个举动十分不寻常,它打破了纽约上流社会的规矩。贵族阶层永远是道德的集中代表(尽管败絮其中),他们体现的是婚姻的本质:社会需要婚姻稳定远远大于个人的情感追求,没有爱情地球照转不误,但没有婚姻人类就无法存在,所有的财产也失去了意义。埃伦的返回,引来昔日亲友无数的白眼,甚至集体拒绝参加欢迎她的盛宴。

在一片冰凉中,重逢埃伦的纽兰心火却越来越旺,他在贵族生活的千篇一律中看到了一个异数,这个异数冲破了富贵的价值指向,追求的完全是另外一种东西:"她们都因为我要独立生活而有点恼火——尤其是可怜的奶奶,她想让我跟她住在一起,可我必须有自由!"埃伦的生命指向,在梅的精神地图里是完全看不到的。在与埃伦的对比中,梅显得那么规范优雅,但这正是让纽兰畏惧的地方:"假如优雅,到了最高境界竟然变成它的反面,帷幕后面都是一片空白,那将怎么办呢?"

  小说写到这里,基本上还是十九世纪的格局:快要结婚的男人或女人,突然重逢了另一个吹动心扉的异性,然后一番暴风骤雨,划清爱与不爱,该散的散,该合的合,风雨后的阳光下有情人幸福相拥。然而华顿毕竟是在二十世纪初期的美国上流阶层长大的女人,她洞悉那是中下层出身的作家不知深浅,以为爱情就是一跺脚,社会就让出一道裂缝向真爱致敬——哪有这么简单,赤脚的岂知穿鞋的辛苦,贵族阶层的压力大如山啊!纽兰很清醒地看到,上流社会总是会用冠冕堂皇的理由封闭一切扰乱秩序的通道,"在这种情况下,个人几乎总是要成为所谓集体利益的牺牲品:人们对维系家庭的任何常规都抱住不放"。他知道,对于埃伦来说,"心地单纯而又善良"的纽约上流社会"恰恰是一个她休想得到丝毫宽容的地方"。眼看众人对埃伦冰山一样的阻击,纽兰本能地一边接近埃伦,一边却又向梅要求提前一年举行婚礼。

  这种情节看上去有些荒诞,而且后患无穷。但略一体会,就能看到华顿这一笔写得颇不简单。人常有这样的机会主义本能:为了回避一种两难困境,貌似聪明地躲到另外一种选择中,以为如此避难就易,生存就能驶入不是最好却也不差的道路上。生活优越的人最容易犯这样的大错,因为他们可走的路太多,处处都有两可,好像条条道路通幸福,只不过味道稍有不同。他们忘记的只有一条:人的内心是最大的世界,背离了真正的感情,所有的东西都不真实了。在一个不真实的世界上,人生必然是一场空幻的游戏,永远只能向前跑,不能向后看,因为看到的都是陌生和废墟。

后面的悲剧也就不可避免——纽兰一次次凝望埃伦,两个人心知肚明,但都失之毫厘。特别是海边那一幕:纽兰在山坡上看着埃伦,"如果在帆船越过石灰崖上那盏灯之前她不转过身来,我立刻就走。船随着退却的潮水滑行,滑过石灰崖,遮住了艾达·刘易斯所在的小房子,越过了挂灯的塔楼。阿切尔等待着,直到船尾与岛上最后一块礁石之间出现一道很宽的闪闪发光的水域,凉亭里的人影依然纹丝未动。"就这样,在貌似深情的期待中,什么也没有发生。倘若埃伦回头望一眼,他很可能会奋不顾身冲过去,和她生死相依远行天涯。就在这一动不动的假设中,游丝般的可能远去了。悲剧在于,纽兰并不知道埃伦也在期待,她知道纽兰在眺望,也知道自己一回首,什么都会改变。她多么盼望这个男人不管不顾地奔过来,大声喊出自己的爱,这样的回头才是女人的幸福,然而,他只是站着,如一朵水中花,没有一大步,也没有一小步!心事就这样空寂地摇荡,春天悄悄地过去了。

小说将近终局出现了意想不到的疯狂一笔:埃伦与纽兰在纽约相会,她忽然提出和纽兰"来一次",然后各归其位,不再相互牵挂。这是一个让读者顿时凝神屏息的突转,因为再傻的人也知道,这"来一次"之后,绝不会是一刀两断,而是满山野火。小说在这里用了高强度的描写,把事态推向极致:"她已经把手腕挣脱出来,但他们的目光一时还对视着。他见她那苍白的脸上焕发着内心的光华,他的心恐惧地跳动着,觉得自己从未见到过爱是这样明明白白。"这样的叙事几乎就是古希腊戏剧"发现——突转"模式的倒叙,仿佛要导向浪漫化的现代喜剧。但彷徨的男人总是会播下悲剧的种子,在这千钧一发的人生关头,梅告诉埃伦和纽兰,她怀孕了。一切都烟消云散,因为"纽兰·阿切尔是个善于自我克制的沉稳青年,遵循一个狭小社会阶层的行为准则几乎已经成了他的第二天性"。临近小说结尾的这一连串情节意蕴很深,但构思得其实并不好,不但让人感觉是情节剧的老套路,而且超出了原本的逻辑,使三个人物都变得怪异起来。特别是梅,她对丈夫和埃伦的暗恋心知肚明,故意把尚不确定的怀孕说得板上钉钉,一举粉碎了他们的可能。这样的心机,简直就是个手腕老到的可怕女人了。实际上梅这类头脑简单的女子往往心肠很好,遇到事情不知所措,经常因为害怕别人痛苦而把自己逼上了死角。幸好华顿一笔扫过二十六年,在结尾把梅的形象又挽救回来:梅生了三个孩子,后来染病去世,死前把纽兰的秘密告诉了大儿子,让他带着爸爸去巴黎看埃伦。这一节把梅的善良写得淋漓尽致,而且还有力地反衬出纽兰的本性:他和儿子到了巴黎,来到埃伦家的楼下,他让儿子上去,自己动情地望着那扇窗,喃喃自语:"对我来说,在这儿要比上去更真实。"他"呆在座位上一动不动。时间一分钟接一分钟地流过。在渐趋浓重的暮色里,他在凳子上坐了许久,目光一直没有离开那个阳台",最后,"慢慢站起身来,一个人朝旅馆的方向走了回去"。

这就是一个男人的一生啊!他在每一个最重要的时刻总是那么软弱,空有满腹的脉脉深情。在这苍茫的世界上,这样的男性实在是太多了,他们看上去拥有很多,实际上连自己也不拥有,浑身挂满了种种未实现。从精神层面上说,这样的男人永远是单身的,他们没有磅礴的力量去融化里里外外的枷锁,只能在无限的憧憬中接受现实。身为女性的华顿,很明白男性人生的南辕北辙,她把纽兰风雨飘摇的心路故事反讽地取名为《纯真时代》,其中有多少感叹,多少期望!写到这里,华顿的苦心一览无余,她想大声告诉人们,"老日子"并不老,它是一代代重复的故事。在人类社会中活着,不但需要自由的渴望,更需要百倍的勇气。不然,生存就如夹在众人之书中的一片枯叶,标本一样存在,如同纽兰最后的伤感:"他知道他失落了一件东西:生命的花朵。"

图书在版编目（CIP）数据

重要的时刻总是那么软弱：2015笔会文粹 / 笔会编辑部编. — 上海：文汇出版社，2016.8
ISBN 978-7-5496-1803-3

Ⅰ.①重… Ⅱ.①笔… Ⅲ.①散文集—中国—当代 Ⅳ.①I267

中国版本图书馆CIP数据核字（2016）第155762号

重要的时刻总是那么软弱

2015"笔会"文粹

编　　者 / 文汇报"笔会"编辑部
封面作画 / 冷冰川
责任编辑 / 何　璟
装帧设计 / 周　晨

出版发行 / 文汇出版社
　　　　　 上海市威海路755号
　　　　　（邮政编码200041）
经　　销 / 全国新华书店
排　　版 / 南京展望文化发展有限公司
印刷装订 / 上海雅昌艺术印刷有限公司
版　　次 / 2016年8月第1版
印　　次 / 2016年8月第1次印刷
开　　本 / 890×1240　1/32
字　　数 / 160千字
印　　张 / 7.875

ISBN 978-7-5496-1803-3
定　　价 / 35.00元